DESPERTANDO EL GENIO EN TI

POR

REY ANTHONY RIVERA

COPYRIGHTS 2021 REY RIVERA

TODOS LOS DERECHOS RESERVADOS.

NINGUNA PARTE DE ESTA PUBLICACIÓN PUEDE SER DISTRIBUIDO O COPIADO DE NINGUNA MANERA FISICA O/Y ELECTRÓNICAMENTE PARA BENEFICIOS ECONÓMICOS SIN PREGUNTAR AL AUTOR

INTRODUCCIÓN

Este libro está creado para personas que sienten que no tienen nada dentro de ellos que les haga creer en sí mismos. Todos tenemos un genio para nuestro propio beneficio, puede ser uno simple como poder ser uno complejo. Todos tenemos uno. Lo que importa en esta vida es buscar donde uno puede desarrollarlo y entenderlo para poder impulsar todas las medidas posibles y alcanzar ese máximo nivel de genio. Yo no me creo un genio en todas mis destrezas pero busco todos los días cómo encontrar mi genio constantemente. Con disciplina he podido sobrellevar las mejores batallas de mi vida. Las mismas batallas puedes tenerlas tú y él mismo genio puedes tenerlo tú, basado en tu identidad. Quiero que logres lo que quieras en la vida, ninguna meta es simple todas son importantes. Tú eres importante. Gracias a los ejercicios que voy a explicar en este libro he podido sobrellevar la soledad, la pobreza, la salud mental y la salud física. Algunos básicos y algunos de alto nivel. Si no fuera por esta disciplina no lo hubiera logrado.

El mundo va avanzando, evolucionando y socializando más rápido. Estamos viviendo en una vida social más expuesta. Es de suma importancia y de suma necesidad conectar con uno mismo y conocerse uno mismo. La sociedad no debe elegir quiénes somos nosotros, nosotros debemos elegir quién queremos ser basado en nuestra felicidad. Con tantas distracciones diarias nos olvidamos de quiénes somos realmente y quién podemos ser, eso va a mejorar hoy. Anota la fecha de hoy.

Haciendo este libro salgo de mi zona cómoda. Muchas veces lo pensé, muchas veces lo comencé. Muchas veces dudé de mí. Muchas veces tuve miedo por el contenido vulnerable que contiene. Así estuve dos años para comenzar este libro. Este libro es mi ejemplo de buscar el genio en mí para compartir lo que sé. A medida que profundizo en la escritura de este libro me deja saber en que me he convertido hasta la fecha de hoy. Porque la persona que cuando quise comenzar, no soy el mismo hoy. Me refiero con más experiencias necesarias que tenían que pasar.

Alrededor de los últimos 10 años he conocido personas de diferentes culturas, pensamientos, ideas, diferentes maneras de ver la vida. Conociéndome y conociendo a tantas personas alrededor del mundo he podido evaluar quién quiero ser yo o que me define a mi manejando diferentes situaciones. No en términos comparativos. Nunca me ha gustado la comparativa de compararme con otras personas. Ejemplo: "si quiero ser mejor que otras personas" o "peor que otras personas". Mi búsqueda es impactar mi propia vida mientras dure vivo.

Mi recuerdo en este preciso momento de tantas personas con las que he compartido mis pensamientos. Me aconsejaron que escribiera libros con mis vivencias, con mis experiencias o con mis ideales. Si tú eres de esas personas que me lo recomendaste, por fin lo hice. Lo hago con mucho honor a tu consejo. Tu consejo estuvo dando vuelta en mi mente todo estos años.Tú creyendo en mí, me hizo creer en mí más todavía. Jamás pensé hacerlo en este momento, si me hubieran preguntado antes. La vida me ha preparado cada cosa que voy a decir aquí. Errores y soluciones. Altas y bajas. La vida me puso a prueba para poder llevar el mensaje. Para aprender lo mismo que aplico hoy día.

Muchas personas piensan, incluyéndote, qué para ser un genio o para ser feliz, la vida tiene que ser "perfecta". Pero "perfecta" puede tener tanto significados simples que tu no lo has notado. Tu vida comienza a ser "perfecta" cuando tú aceptas la imperfección de la vida. Sí, suena loco pero es la verdad. Muchas personas le dan pausa a sus metas grandiosas para esperar "estar bien". Básicamente se logra "estar bien" no poniendo en pausa las metas. Aquel que quiera un progreso "perfecto" que ni intenté progresar porque no lo es. Los grandes genios del mundo de la historia, los que han impactado mundialmente para que tú y yo tengamos la vida tan accesible que tenemos hoy día, se han equivocado miles de veces para lograr el objetivo. Con esto dicho, ser un genio no significa ser perfecto. No significa tener una vida perfecta, significa perseverancia y aceptación.

- INTRODUCCION
- LA CULTURA EXPIRADA
- CÓMO ESCOGER LAS NUEVAS PERSONAS A TU ALREDEDOR.
- DISTRIBUCIÓN FINANCIERA
- POSIBLES FUENTES DE DINERO
- NFT
- "AFFILIATE MARKETING"
- "DROP SHIPPING"
- Subarrendar un Airbnb (rentar una propiedad que no es tuya)
- CREADOR DE CONTENIDO
- LA MENTORIA
- DELEGAR
- TURO
- VENTAS DE GARAGE
- LA ERA MODERNA
- ¿POR QUÉ HABLAR EN SOCIAL MEDIA AUNQUE NADIE TE CONOZCA?
- LA PAZ MENTAL Y EMOCIONAL
- QUE TIENES DENTRO DE TU SISTEMA DIGESTIVO
- LA MISION
- QUIERO HABLARTE

TU CULTURA EXPIRADA

Este es el tema más "controversial" que he podido tocar en los últimos años. La cultura es algo que se respeta y yo respeto, pero por culpa de la cultura muchas personas no cumplen sus sueños y peor no se atreven a soñar. La cultura crea creencias en ti de que la vida es de una "manera" pero si vas detrás de unos sueños, tienes que despegarte de "tu cultura". Por eso se escucha controversial cuando lo menciono. No tiene nada que ver con perder tu esencia, quién eres y en qué crees. Es que tus hábitos se van a separar de tu cultura y de tus creencias.

Me voy a explicar un poco mejor. Cuando hablo de este tipo de temas me refiero.

Ejemplos:

Cuando un pelotero tiene un hijo quiere que su hijo sea pelotero. Cuando un doctor tiene un hijo quiere que su hijo sea doctor. Cuando un maestro tiene un hijo quiere que su hijo sea un maestro.

Hablo ejemplos de hijos pero puede ser familia o amistades, es relativo.
Así la ecuación se repite por generaciones haciendo una "burbuja" en conocimiento de lo que la vida puede ser realmente a la hora de progresar y a la hora de sobrevivir. Vuelvo y repito, no quiero decir que un maestro, doctor o un pelotero no es progreso, sí lo es. Por supuesto que lo es. A lo que me refiero es que una línea de pensamiento que no evoluciona de generación en generación es un conocimiento antiguo. Porque se

enfocan tanto en la carrera o lo que es "normal" basado en lo que conocen. Haz este ejercicio, pregunta a padres de hijos o personas que esperan hijos *¿Qué quieres que tu hijo sea?* O básico *¿Cómo quieres que la personas a tu alrededor sean?* Enumera cuántos te mencionan "felices" antes de cualquier cosa. Asi te daras cuenta como la sociedad está lastimada. Estamos en una era en la que cada persona debe escoger o puede escoger que verdaderamente le hace feliz. Pero la mayoría crece sin saber eso y hay quienes mueren sin saberlo. Como todo en la vida puede haber personas que son grandes profesionales en lo que quisieron ser pero a última hora no se sienten feliz con su profesión o felicidad en general. Eso viene a raíz porque hicieron lo que le dijeron que tenían que hacer y no lo que amaban hacer.

Algunas personas sufren con muchos beneficios, pero hay otras personas que sufren por hacer lo que les dijeron y 0 beneficios. En estos momentos tienes que pensar ¿Quién eres tú? ¿Qué te pasó a ti? ¿Quién quiere ser? Si tú miras tu vida ahora mismo ¿Estás dónde quieres estar? ¿Estás haciendo lo que quieres hacer o estás haciendo lo que quieren que tú hagas? Así de seria es la decisión de despegarte dé tu cultura por un momento para mejorar tus decisiones. A lo que te hace feliz hacer, lo que amas. No te arrepentirás en el futuro. Las viejas generaciones han pasado el conocimiento antiguo por 100 años o más la educación que sigue en la actualidad. No es la educación que tú necesitas para sobrevivir en la vida. Muchos dicen "la educación comienza en el hogar" entonces me pregunto para qué uno tiene que ir a la escuela. La educación que tú aprendiste no te enseñó a sobrevivir en la vida, a resolver problemas, a ser feliz, a crear y materializar tus sueños, a respetar las demás personas, a ser empático. Y la lista sería infinita si sigo. Las generaciones de antes vienen de un abuso de poder creando miedo. De corrupción mental y social y básicamente eso es lo que depositaron en tu mente. Y eso es lo que tu compartes. Pero eso va a cambiar hoy. Imagínate estar años en la educación y no saber cómo ser feliz ni ser empático con los demás. Son años perdidos, entonces ¿Ser diplomático es solamente un tema? Si tú quieres trabajar en tus propios términos la educación de la escuela tradicional se queda muy corta. Como dije antes, la educación dentro del hogar también está corrompida. Tienen la misma educación que tú y por eso la toma de decisiones erróneas se pasan de generación en generación. Nosotros los que si trabajamos para buscar nuestro genio estamos puestos y disponibles para cambiar nuestro futuro.

Cambiar el futuro de la generación que viene en camino es nuestra misión todos los días. Hacer un libro como este o alzar la voz utilizando las redes sociales es para poder despertar. Todo es posible cambiando lo que tu cultura te ha enseñado estos años anteriores.
Nunca es tarde. No busques la culpa de algo o alguien. No puedo echarle la culpa ahora a lo que no te enseñaron y no puedes echarle la culpa a nadie. Es tu culpa si no quieres aprender nuevos

métodos para mejorar tu vida. Es tu culpa si aprendes nuevos métodos para saber mejorar tu línea de pensamiento. Yo puedo hablar por mí y por colegas míos en la industria del emprendimiento. Muchos diferentes pasados, buenas familias o malas familias, la educación es la misma, antigua. En mi caso personal aprendí a ser barbero por mi mamá y su interés en el estilismo.Cuando decidí ir a la universidad a estudiar una carrera universitaria decidí Justicia Criminal ese era el interés de mi padre. Fracasé en ambas. Por el hecho de escoger y seleccionar algo que verdaderamente yo no quería. Como necesitaba sobrevivir, fui un barbero, 10 años para ser exacto. El tiempo que fui barbero no me arrepiento porque fué el puente económico para empezar cada uno de mis sueños de la vida que tengo.

Siempre supe que era temporal. Es crudo que tenga que decir las cosas así. Que no era feliz y lo se ahora porque cuando tenía el concepto de la felicidad era erróneo. Porque era basado en lo que conocía. Pero mientras más rápido acepté lo que no me hacía feliz, más rápido puedo escoger lo que me hace feliz. Yo acepto que la mayoría de mis fracasos o pensamientos que no me ayudaban, fueron culpa de la educación antigua no culpa de las personas que brindaron el mensaje. Yo viví la mayoría de mi niñez y mi adolescencia sin saber qué un adolecente necesitaba o qué se necesitaba para un futuro en la adultez.

Me tomó por sorpresa tomar las riendas de mi vida desde muy pequeño y lo acepté porque no me quedaba de otra. Podía hacer dos cosas, podía ser la víctima de mi pasado o podría ser superior a mí mismo. Escogí ser superior. Escogí mejorar mi vida cueste lo que cueste. A medida de mi crecimiento mi entorno era totalmente diferente al que hay ahora. En mi niñez y adolescencia creía que la toma de decisiones se tomaban con coraje y mal humor a las personas que se metieran en mi camino. Viví demasiados cantazos en la vida tomando decisiones con coraje y mal humor con personas. Pero cuando tú no lo sabes, piensas que eso es lo "normal". Discutir es lo normal. Estar de mal humor es "normal". Faltarle el respeto a alguien es lo "normal". De verdad que no hay línea exacta para definir lo normal pero eso no era, estoy seguro. También crecí pensando que mi vida era difícil y sin solución pero eso si, nunca acepté que fuera mi "normal". Por eso te comunico que si tu vida es difícil ahora mismo en este preciso momento es por la educación antigua y por tu cultura pero no es tu culpa, no es tu "normal". Puede ser mucho mejor te lo aseguro. Estoy siendo reservado en temas súper generales y básicos. No hay maneras de medir lo "normal" comparando culturas, porque en otros lugares es normal comer sapos del lago.

Tú puedes comenzar a normalizar creer en ti para que seas feliz y eres libre. En otras culturas no tienen otro remedio que ser leales a la cultura por obligación y a lo mejor ni saben qué pueden mejorar. Porque no aceptan que hay algo mejor fuera de esa cultura. Gracias a la aceptación uno puede disfrutar las culturas y las diferencias. Uno puede ver la diferencia de lo difícil que es para otras personas vivir y evaluar sí lo "difícil" que es para uno es lo "normal" de uno. Cada vez que tienes la oportunidad de hablar con diferentes culturas en diferentes idiomas de diferentes partes del mundo entendemos que el conocimiento es algo infinito al igual que la felicidad. Son dos cosas que muchas personas creen y crecen pensando que eso es limitado, que la vida tiene que ser de una manera, la felicidad tiene que ser en algo específico y no hay nada exterior. Está incorrecto. Hay grandes personas, con grandes pensamientos, con grandes corazones que pueden ayudar al mundo de una mejor manera empática, de una mejor manera emprendedora y no han podido hacerlo. No han podido conocer su genio interior por su creencia y por su cultura.

Eso es lo que me pone triste a mí. Nunca dejes que tu esencia sea corrompida por algo que no tiene que ver contigo. Tienes escape. Para muchas personas salir de su cultura y su línea de pensamiento tradicional a su gente creen que es traición pero no puedes traicionarte a ti por cuidar algo que te limita a conocer tu gran potencial.

Yo he amado cada paso de mi crecimiento y más el de tomar decisiones pacíficas por el bien de uno sin tener que discutir y sin tener que estar de mal humor. Ha sido una de las grandes bendiciones de mi cambio.

No fue nada fácil crecer en coraje y cambiar a calmado. Me tomó mucho entendimiento aprender de la empatía y todavía aprendo a valorar la empatía. Me tomó años conocer esa versión pacífica de mi y no me arrepiento porque me separa de tantos problemas con otras personas. Personas que viven discutiendo por naturaleza que no vale la pena gastar energía en eso. Ahora utilizó mi coraje en cosas productivas como mejorar y ser más disciplinado. Sí lo acepto, renunciar a mi cultura y renunciar a mis creencias me ha hecho mejor ser humano. Me ha acercado a ser la persona que siempre soñé ser.

La falta de conocimiento afecta en el amor y en las finanzas. Hay demasiadas personas que justifican que eso es lo "normal" para no hacer nada. Juntos utilizan la excusa de "Nos tocó esta vida no podemos hacer otra vida".

Toma demasiado coraje cambiar esos términos. Dejar de ser una persona agresiva y dejar de ser una persona pobre, esa es la misión. Muchas personas viven en miedo, miedo también que fue creado por el Gobierno asustando al pueblo. Mucho miedo a la economía y de mucho miedo al progreso porque ellos simplemente quieren aprovecharse de que las personas se mantienen calladas con miedo para ellos poder hacer sus daños. De generación en generación desde el punto más alto en la sociedad desde el punto más bajo. Al gobierno le conviene que tú no tengas conocimiento para que tú creas que todos tus derechos son legales y violando de tus derechos al mismo tiempo. De verdad que no sé qué es más triste, vivir una vida corrompida que te corte las alas para que no puedas crecer o saber que te están cortando las alas y no quieres hacer nada para crecer. Lo voy a dejar a tu discreción esta línea de pensamiento estas nuevas decisiones que vas a tomar en tu vida para mejorar. Comienza por evaluar tu vida por ti mismo, no por tu alrededor. No por lo que te digan que hagas. Si estás dónde quieres estar "okay" pero si hay algo que te inquieta te mereces el cambio que estás buscando. El cambio que estás buscando en este libro siempre ha estado dentro de ti, yo solamente soy el puente para recordártelo. Yo me di cuenta que estaba en una mala cultura hablando conmigo mismo en los tiempos de soledad me cuestionaba a mí mismo que la vida no podía ser así entonces busqué respuesta. La vida me dió la oportunidad de ser un barbero con muchos clientes, con muchas líneas de pensamiento para poder entender mejor la vida, la psicología y que me estaba pasando a mí realmente. No en términos de compararme porque como les dije al principio no me gusta compararme con nadie. Pero para saber qué es lo que quiero para ser feliz necesitaba saber qué era felicidad primero en los términos que yo he querido o quería comenzar. Cuándo comencé a conocer personas con mejor empatía a mi persona. Cuando comencé a conocer personas con la misma visión de emprender que yo, entonces entendí que hay más vida por delante. Créeme si tú tienes una pregunta, una duda de cómo puede ser mejor tu vida, existe la respuesta. Ya estamos viviendo un mundo tan moderno hoy día que ahora es más fácil de lo que me tocó a mí. A mí me tocó beberme la cruda a mi propia manera con mis propios errores y también errores de las demás personas que afectaron mi crecimiento. Cuándo sigues conociendo personas entiendes quién te quiere ver bien o quien quiere hacerte el bien, como a la misma vez quién quiere verte mal y quien quiere hacerte mal. Son cosas que debes evaluar bien de cerca porque en el progreso siempre se quiere meter alguien para impedir que tú progreses por la mala cultura. Si no conoces la empatía vas a batallar con cada persona que se te mete en el camino. Es por eso tu misión también de conocer la paz. La paz mental y la empatía te va ayudar a batallar para tus metas y no con las personas que se meten en tu batalla. Las personas que quieren batallar solamente quieren batallar no quieren progresar, no es lo mismo. No vale la pena, no vale el costo de tu energía o el costo de tu paz. Cuando te estás separando de tu cultura la parte más difícil es separarte tal vez de tus seres queridos. Donde ha crecido tu influencia, tu amor y lo más probable lo que conoces de la vida. Cuándo abres los ojos empiezas a cuestionar qué es lo que está sucediendo o cómo puedes mejorar y ahí viene el debate mental de que "las cosas no son así, no hay ningún cambio posible". En ese momento si te pones a debatir con opiniones de personas que no tienen la misma visión que tú, estás perdiendo la batalla tú mismo. Obviamente como eres una persona con un buen corazón tú quieres mejorar. Tú quieres que las personas a tu alrededor también mejoren pero si no quieren aprender la nueva economía o nuevos conocimientos no se va adaptar a lo que dices. Te van a ver a ti como "loco" o como "impulsivo", como "ambicioso" o cualquier nombre que le pongan para que ni lo intentes. Esa es la primera batalla al despertar tu nuevo tú.

Mi consejo es que tú comuniques lo que sientes pero no batalles con nadie, continúa con tu legado, continúa buscando tu felicidad, continúa buscando el genio en ti. Eso requiere toda tu energía posible para poder lograr aceptar tu cultura nueva, aceptar tu antigua cultura y te va ayudar un montón a aliviar la mente a malos pensamientos. Para progresar tienes que tener una mente clara libre de problemas emocionales y libre de discusiones con otro tipo de ser humano que no es el mismo que tú. Mientras más rápido aceptes eso más rápido puedes ser feliz en tomar decisiones para avanzar. No va a ser fácil ningún día por eso digo, el que quiera progresar sin tener altas y bajas que no lo haga. Hay demasiadas personas que se atan a la cultura que se atan a las personas y no se atan a su progreso y mueren por dentro queriendo progresar. Queriendo tocar esas metas, queriendo hacer ese viaje, queriendo decir te amo a esa persona que siempre ha querido decirle te amo. Cuando entiendas la línea entre el respeto hacia tu persona y el que las diferencias de otras personas hacia tí no te afecten, es en el momento que tú estás listo para caminar a paso firme. Eso va a comenzar hoy. Vas a tener miedo de que no te acepten con tu nueva línea de pensamiento, Claro que sí, no digo que no pero el miedo es normal en cualquier tipo de cambio. Ese miedo es temporero mientras el beneficio es duradero cuándo decides ser tú. Vale la pena la decisión pero recuerda respetar la línea de pensamiento de los demás para que las personas respeten la tuya. Ve a buscar ese genio en ti ya es hora. Si seguimos hablando de este tema nunca terminaremos porque es una cadena ilimitada de situaciones que afectan la paz y la salud mental de millones de personas. Peor aún víctimas de abuso mental y físico. Estos abusadores hacen creer que el maltrato emocional o el maltrato físico es "normal" y no lo es. **Si estás pasando por algún maltrato emocional o físico pide ayuda ahora mismo** sea hombre o mujer porque hay diferentes maltratos de diferentes maneras que no te ayudan a ser feliz, que no te ayudan a estar tranquilo, que corrompen tu paz. Eso es parte de una cultura antigua al igual que el racismo al igual que muchas cosas malas para el ser humano que ha corrompido millones de niños, niñas, mujeres y hombres. Eso es algo que va a cambiar si pides ayuda a tiempo. No tengas miedo de salir de dónde estás, no tengas miedo de salir adelante para el progreso sin maltrato. Hay muchas personas esperando para amarte, hay muchas personas esperando para apoyarte. No tienes que perder más tiempo en maltrato emocional basado en una cultura antigua. Porque ames tu cultura, porque amas tu antecedentes no quiere decir que tengas que hacer algo que no te hace feliz y vivir en un ambiente tóxico. ¿Por qué vivir en un ambiente tóxico por amor a la patria o por amor al miedo? va a convertir tus días más tóxicos y los resultados son: inseguridad, culpa y todas esas cosas que existen dentro de las emociones para perder el control de tu dirección a ser un genio. Te lo repito no tiene que ser así, puedes dar la milla extra puedes pedir ayuda, puedes buscar dentro de ti qué es lo que te hace feliz y quién es tu identidad verdaderamente y de ahí partir a un nuevo camino juntos. Cuando estás en la soledad pensando que vas hacer con tu vida preguntándote sí vale la pena cambiar tu vida, sí vale la pena y el riesgo de cambiar. Pedir ayuda en la vida es la dirección que estás buscando, ya la encontraste pero sin acción no vas a ninguna parte. Así que llénate de poder, escribe tus metas y encuentra el camino. Hay tantas cosas qué se han dañado en el mundo por culpa de los estereotipos. Para mí la verdadera magia existente es vivir fuera de los estereotipos. Eso no significa traicionar tu cultura ni traicionar tu esencia. Vivir fuera de los estereotipos te va a dar la oportunidad de vivir una vida en el cual hacerte feliz a ti sin importar lo que piensen los demás sin embargo vivir dentro de los estereotipos es vivir solamente pensando en agradar características en personas en el exterior. A eso me refiero a cómo se ven por fuera. Por ejemplo hay personas que quieren personas alrededor que tengan dinero o se vean de dinero. Hay personas que quieren rodearse solo de personas que tengan tatuajes. Hay personas que quieren juntarse con personas que se vistan con lo último en la moda y la lista sigue infinita. Que tengan el cuerpo de una manera o el color de pelo de una manera igual. Para los gustos, los colores claro que si. Desear con quién te quieres relacionar pero no olvides cosas mucho más importantes que la imagen exterior, si lo olvidas te va a costar tiempo y paz.

La belleza exterior o características deseadas puede confundir de muchas maneras. Puede que tengas algo placentero visual al igual que disfrutar de paisajes naturales de la tierra pero no los resultados de lo que realmente buscas o necesitas en tu vida actual para progresar. Los seres humanos y todo ser viviente somos perfectos en esta tierra no importa las discapacidades pero obviamente uno crea imágenes o deseos de con quién se quiere relacionar basado en un placer visual o lo que se cree que es placer visual de cualquier manera si eres hombre o mujer. Muchas personas piensan o se imaginan que cuando le hace falta progresar le hace falta ser feliz y piensan que para ser feliz necesita tener personas alrededor o una persona en específico. Buscar personas para tener a tu alrededor es tiempo y energía que tienes que dedicar. No puedes dedicar más tiempo a las personas que quieres tener a tu alrededor que el tiempo que tienes que dedicarte a ti primero antes de exponerte a más personas. No puedes confundir la soledad con falta de compañía en el sentido de que de qué estás solo o sola y con compañía te vas a sentir mejor o te irá mejor. Entonces es aquí cuando pones las imágenes o placeres visuales estéticamente primero que el progreso, primero a la empatía o el amor que sientes por ti y por los demás. Ahí es donde cometes el error de escoger a las personas incorrectas. Ese error que te puede consumir años que estabas tratando de superar. Años tal vez de entender que fue un error más del cual querías un cambio.

Imagínate alguien que desea tener una persona a su lado y en todas las características que quiere sea todo estéticamente exterior sin ninguna cualidad en el interior. Estaría llenando su placer visual pero el placer visual no es lo que se necesita para construir los sueños se necesita más el cerebro que todo. Ese mismo "alguien" escoge una persona con cualidades exteriores e ignorando las interiores no va a saber con qué cultura antigua venga esa persona. A la hora de conocer personas poner en la balanza lo exterior de las personas no va a conocer el daño que pueda venir en el camino cuando realmente esa persona se abra por completo y deje saber qué creencias tiene y cómo ve la vida. Hoy día son bien pocas las personas que se abren desde el principio si son buenas personas por que quieren cuidarse y sin embargo hay quienes ni les importa.

Vamos hablar de ejemplos: en el tema de racismo no lo dicen de primero lo dicen con el tiempo con sus actitudes. Una persona maltratante no te va a decir que es maltratante desde el primer día. Esas banderas rojas no se ven desde el principio si no entiendes las personalidades del ser humano o culturas y mucho menos valorando solo el exterior. Cada persona tiene un valor significativo pero no permitas que tus propios deseos visuales acaben con tu valor. Quiero que entiendas con este punto que tu quieres en tu vida personas en tu progreso, más allá de lo estético y cuando describas tu círculo comienza con características como el amor, personas que se amen a sí mismas y amen a la humanidad. Que tengan ambición en la empatía.

Personas que te den soporte, que te den comprensión. Personas que realmente quieran ayudarte sin nada a cambio.

Características que valen mucho más que cualquier imagen exterior. Utiliza el ejemplo de una persona ciega el hecho de que solo cuenta imaginarse cómo puede ser la belleza o algo no tan bello basado en lo que cree. El ciego empieza a valorar por naturaleza cosas más internas como el tacto, como le hablan, cómo le tratan y cómo le ayudan. Porque todas esas cosas lo ayudan a progresar basado en su discapacidad. Es el mejor ejemplo descriptivo de lo que quiero decir. Uno debe escoger las personas como si fuera ciego y no ciegamente teniendo ojos. Si tienes la bendición de tener ojos no los desperdicies. Y si tú utilizas tus ojos, tu bendición y la capacidad para escoger las personas alrededor con la que quieres relacionarte solamente para un placer visual no estás jugando para tu equipo. No estás jugando para ti. Hay tantas personas peleando en el tiempo porque "no encuentran" su persona ideal basado en una imagen visual, eso es triste. Si tu escoges a una persona y te ayuda y si tú no la ayudas para atrás se desaparece esa persona no es para ti, no te conviene. Tú te mereces una persona que esté en las buenas y en las malas. Que tenga empatía de lo que tú pasaste o de lo que tú pasas al igual tú tener empatía igual con esa persona y con las personas. Quiero decir que uno debe conocer a las personas con mucho respeto de quiénes son. Valorarlas como son con las imperfecciones que puedan tener basado en la cultura antigua y sus creencias pero poder llegar a unos términos que los ayude juntos a progresar sin importar si es placentero visualmente o no. Lo visualmente placentero no te van a sacar de donde tú quieres salir hoy, si pueden darte un placer de segunda de lo que estés mirando pero no lo que realmente buscas en tu interior. Si tú estás buscando algo duradero, algo firme y lealtad en personas a tu alrededor, no puedes priorizar el exterior de una persona. Escoge personas a tu alrededor que te amén y que te valoren no importa quién sea.

Yo entiendo este tema no tan solo por hablar con tantas personas, yo he vivido el prejuicio en carne propia. Muchas veces fui ignorado por ser una persona solitaria. Fui ignorado por no venir de una familia de dinero o de una familia no unida. Hoy entiendo lo vacía que han vivido esas personas para juzgarme por esas cosas simples sin conocerme verdaderamente y no darme la oportunidad. También recuerdo cuando yo llegaba a los sitios con mi primer carro que no era estéticamente de lujo era todo lo contrario y veía la gente a lo lejos riéndose de mí. Mirándome como si fuera menos por el carro que andaba. Las personas no creían en mí por mi profesión de ser barbero. Claro que he vivido por muchos prejuicios.

El camino al progreso para mí ha sido difícil desde el principio por esas cosas que la gente observaba de mí en el exterior y no me daban la oportunidad de valorar mi interior. Hoy día le agradezco a cada persona que me haya enseñado cómo se siente ser ignorado o juzgado porque de la misma manera aprendí cómo se siente ser amado y valorado y saber la diferencia. Hay una gran diferencia en esos dos términos. Por eso el que te quiere ver bien, el que te quiera ayudar no le va a importar como tú te veas o quién seas. Simplemente se van ayudar de un buen corazón a otro buen corazón. Yo caí en ese lugar oscuro de buscar placeres visibles que no tenía asumiendo que era lo que necesitaba y me equivoqué. Yo mismo puse en mi cabeza cuando estaba solo en mi niñez que mi felicidad dependía de no estar solo pero jamás se me ocurrió que por buscar eso me iba juntar con personas que me restaban y no me sumaban. Que iba yo a pensar en mi adolescencia, no sabía lo que era estar acompañado de personas de valor, no sabia que era valor en fin, ni sabía cómo estar solo tampoco. A base de errores uno comprende que es más placentero andar solo que andar con personas que no suman. No me cuesta nada aceptarlo hoy digo con orgullo que pase esa etapa. Tal vez tú que estás leyendo esto también pasas o has pasado por lo mismo o pasarás por lo mismo en un futuro. No todo el mundo va a entender el término de emprender es por eso que muchas personas no apoyan el emprendimiento, pero eso es sus miedos no los tuyos. Cuando tú estás emprendiendo nadie quiere verte ganar. Nadie quiere estar ahí viviendo en sangre propia tú proceso, pero a la misma vez cuando te ven progresando quieren aplaudirte. Inclusive dicen que te conocen pero no ayudan como quiera. Al final quieren hacer lo que tú haces o preguntarte cómo lo hiciste. Cuando los necesitabas no estaban ni te valoraban y después llegan sin llamarlos. Cosas de la vida.

Créeme sí escoges las personas incorrectas para que estén a tu lado a la hora de progresar y sacar el genio en ti, te van a querer derrumbar con la negatividad y si eres una persona que no eres fácil de levantar emocionalmente te va a costar el doble. No imposible pero una lección más de vida de aceptación. Te lo digo con toda honestidad, no sabes cuántas personas se han reído de mí y de mis metas. Todavía puede suceder de vez en cuando. Metas que he logrado hoy que antes eran solo ideas en papel. Se han reido de mi en mi cara y me han dicho en la cara que nunca voy a lograr nada en la vida. Me han deseado soledad y hasta la misma muerte. Muchas veces esa línea de pensamiento viene de las personas que más confías cuando estás comenzando tus cambios, abriendo los ojos. Con el tiempo las personas se enteran de quién soy y sin conocerme pueden decirme lo mismo o peores cosas en las redes sociales. ¿Qué me dice esto? Que estas personas hablen de ellas mismas no hablan de mí, lo que puedan decir describen que hay en su corazón, no en el mio. No tiene nada que ver con mi realidad o con mi futuro. Así es la vida cuando quieres cambiar, la gente negativa se entera que vas a cambiar y que cambiastes. Te felicitaran de hipocresía y otros van odiarte y un pequeño porciento va alegrarse por ti y va a llorar tus batallas. Esos que lloran las batallas contigo nunca los olvides escribir sus nombre y no los dejes desatendidos. Esas personas son las más reales que existen y son bien difíciles de conseguir de nuevo una vez los pierdes. Cuando tengo la oportunidad de hablar con una persona que me ayudo le digo gracias constantemente, es algo que no puedo evitarlo. Esas pequeñas ayudas pueden ser un puente y se quienes son siempre.

Mejor dicho a quien no quiere evolucionar no dejes que dañen tu evolución tampoco. Si hay personas que no te valoran y ahora lo sabes no digas que la vida no te habla. Lamentablemente a veces uno se aferra a querer cambiar a las personas que no quieren evolución para a la misma vez tu apoyarte de ellas. Porque ese es el apoyo que tu quieres incondicional de unas personas específicas, pero tristemente no funciona así. Créeme no quieras cambiar a las personas a tu manera no funciona así. Con esto quiero decirte que si una persona no te apoya y tú quieres luchar a que te apoye sí o sí o que si tú tienes una idea y las personas no entienden y tú quieres que la entiendan si yo si. Es una lucha en vano. Porque si no tienen la visión ni la creencia de que las cosas son posibles, de que uno puede hacer la diferencia, no van a ver en ti que tú si la puedes hacer. Si las personas quieren creer que tú eres nadie en la vida, que lo crean. Cuando las personas no crean en ti utiliza eso como un motor para impulsarte y valorarte tú mismo no para demostrar que si puedes para esas personas en específico. Los beneficios son para ti no para nadie más. Como quiera esas mismas personas que no te apoyan, en el futuro van a decir "wow" lo logró. Cuando estuviste abajo no te valoraron va a ser bien difícil que te valoren estando arriba como quiera. Como te dije hace rato, tú quieres personas en tu vida que te quieran arriba y te quieran abajo con tus mejores batallas y tus peores batallas también. Esas son las personas que verdaderamente te aman.

Recuerdo que muchas personas me decían que yo no iba a lograr nada porque no tenía un diploma de universidad. Ahora mismo me pregunto qué era ese algo que yo no podía lograr sin un diploma de universidad. Hoy día cientos de personas vienen a mi muchos con diploma y hasta doctorado a pedirme ayuda o consejos de la vida. Yo no quiero decir con esto que yo tengo más conocimiento o habilidades qué una persona diplomática con algún doctorado. Todos nos necesitamos de alguna manera para progresar. Las personas saben algo que yo no sé al igual que yo sé algo que ellos no saben.

Nunca se debe juzgar a alguien por lo que no tenga o por lo que tenga no se debe juzgar a nadie. Debemos como misión valorar a cada persona que existe en el mundo de manera empática y con respeto. Imagínate tú humillar a una persona por cómo se vea por fuera o por los planes que tenga, aún no están cumplidos al momento y que años después esa sea la persona que tal vez te ayude en los momentos más difíciles, si esa misma persona que tú no creíste. AUCH!

Por eso en esta vida social tenemos mucho trabajo colectivo que hacer como emprendedores y como genios individuales en poder impulsar a cada persona que está buscando su genio interior.

Hay tanto maltrato emocional por personas irrespetuosas de poca calidad mental hacia las personas que quieren hacer la diferencia. No es que sean un estorbo en el camino porque no lo son, pero simplemente una distracción, no todo el mundo está dispuesto a pasar por ese tipo de distracciones. Hay personas que están trabajando sus fortalezas y sus debilidades. Hay personas débiles que se quedan en el lado débil por culpa de esas personas que lo que quieren es poner el dedo en heridas constantemente solo por sentir poder, por sentir el placer de la humillación. Por eso mismo te digo aprende a escoger bien, aprende a escoger con quién quieres luchar, no debatir. Luchar hacia adelante y créeme que para luchar hacia adelante no necesitas lo que es la belleza exterior. Necesitas coraje y todo lo que tu interior está capacitado para hacer y para lograr. Cada vez que tú tienes una idea tú quieres compartirla con tus seres queridos, es entendible. A la misma vez entiende que si no ven la mismo que tú en esa idea no puedes sentirte mal o culpable de ellos pensar que tu idea es "mala". Si eso es en lo que tu crees tienes que ejecutar la idea, crean en ti o no crean. No dejes que una opinión de una persona sin creencia en el emprendimiento ponga peso en tu creencia y en tu genio. Mucho menos en dejar de ejecutar cualquier idea que tengas desde la más simple hasta la más compleja basada en otras opiniones sin sentido.

Imaginate, es como si yo le dijera una persona que quiero hacer un libro a lo mejor este mismo libro que tú estás leyendo ahora y me diga que no lo haga porque no soy una persona conocida, que nadie lo va a leer, que no gaste mi tiempo y energía en hacer algo que no lo va a leer nadie. Yo realmente tengo que hacerle caso a esa persona? Yo confío que yo haciendo este libro puedo llegar a cualquier persona aunque sea una. Yo creo en mí no importa cuántas personas me digan que no lo haga porque ya lo hice. Y tal vez mi meta no es que lo lean miles de personas, tal vez mi meta es terminar algo por mi.

Hablemos un poco de historia. La cultura de tus antecedentes hace 50,60 años, tal vez 100 años atrás, los varones tenían toda su niñez escuchando "cuando crezcas vas para la guerra o al ejército" ya a su adolescencia su única opción era tener que ir para la guerra. No había otros planes si era hombre. Si era mujer su única opción para vivir tenía que ser enfermera o ama de casa. Tambien ambos victimas de la esclavitud alrededor del mundo.

Al mismo tiempo en otro lugar tenías que estar vivo pero a la misma vez buscar sobrevivir las masacres del holocausto escondiéndote dentro de las paredes, debajo del piso para que no te mataran por ser judío. Y al mismo tiempo del otro lado se levantaban a matar y maltratar esas mismas personas sin piedad. Imaginate con cuanto trauma crecen estas personas y lo transmiten de generación en generación, es horrible. De pensarlo se que hay muchas personas que hoy día no sobreviven a esos tiempos. Hoy día hay personas que tienen un mal día si no reciben "likes" en sus redes sociales. Esta época está creando otro tipo de traumas innecesarios por no elevar la sabiduría. En los tiempos de antes NO TENÍAS OPCIÓN y ahora tu puedes decidir que te afecta y que no.

Hay que ser agradecido con los tiempos que estamos viviendo. Hoy día tienes todo accesible y estás a un botón de cambiar tu vida. Con un botón puedes pedir comida. Con un botón puedes transferir dinero al instante mundialmente. Tal vez estás a un botón de conocer el amor de tu vida, quien sabe. La lista continúa. Estamos en el mejor tiempo para vivir. Si tú realmente quieres entender y bendecir tu vida, analiza tu vida con la cultura de antes vs. ahora y deja de quejarte.

La antigua generación creció con una idea de que solamente podían tomar una decisión en su vida. Ese era el camino y más ninguno. Es por eso que todas las decisiones que las personas que quieren hacer la diferencia y trabajar en sus propios términos, comparten lo que piensan con una de estas personas antiguas en la mente y rápido piensan que sería una locura ser diferente. Personas así ya están acostumbrados a hacer o ser una sola cosa y eso no está mal, eso es lo que creen. Lo que si no es justo es cuando esas personas que no creen en sí mismo por lo que ellos creen y se quieren interponer en las metas de las demás personas que quieren construir un futuro diferente al que ellos vieron creciendo. Cuando vayas a hablar tu meta o de tu idea, tienes que tener mucha delicadeza con quien lo compartes por el hecho de que no vayas a confundir una persona que no te entiende por algo que no te apoya. Básicamente no te entiende y te deja saber lo que piensa pero no tiene nada que ver con que no te apoye o que tenga que ver con tu futuro.

Utiliza la regla de las cinco personas, si te juntas con cinco personas tú vas a ser el sexto de con quien te juntes. Si te juntas con cinco personas que son pobres tú vas a ser el sexto. Si te juntas con cinco emprendedores tú vas a ser el sexto. Busca compartir tus ideas con personas que le añadan valor a tu idea. Si no tienes con quien compartir tu idea compártela conmigo escríbeme en cualquiera de mis plataformas y yo te voy atender. Si te sientes solo en la vida yo te voy a atender. Yo sé lo que es sentirse solo, yo sé lo que es sentirse que no tienes esperanza en la vida, se lo que siente que todas tus ideas sean erróneas o que tu camino en la vida es errónea o futuro prometedor. Es desesperante pedir ayuda en términos de dirección. Siempre cuando tú le hables a la vida, al universo de que aparezca una persona que te dé la dirección, llega. Sin embargo si tú no tienes a nadie ahora mismo mirando a tu alrededor, no tienes a nadie con quien compartir esa idea o como te sientes, mira la bendición que tienes que puedes compartirla conmigo. Mira que brutal es tu vida que ya conectaste con alguien a través de un libro. Si te regalaron este libro tiene un significado especial porque esa persona que te lo regaló te quiere ver bien. Esa es una persona que quieres mantener cerca. Todo tiene un propósito en la vida, nada pasa fuera de la matemática, fuera de la ecuación. Si tú tienes una idea en la mente porque lo quieres lograr y no tan sólo lo quieres lograr es que lo puedes lograr. Te lo digo yo, yo he pasado de estar solo sin esperanza a tener una comunidad que no tan sólo me hace sentir más completo, me valoran, me procuran, están pendiente de mi, recibo mensajes todos los días de diferentes partes del mundo gracias a que yo pude alzar mi voz de quién soy genuinamente y que quiero en la vida con la personas correctas. No es difícil saber que hay más humanos cuando tú estás solo, no estás solo. Pero no te culpo, yo pensaba lo mismo que tú, yo pensaba que yo iba a estar solo toda la vida porque eso también me lo dijeron muchas veces. Me dijeron que yo iba terminar sólo porque yo era una persona que tenía metas y nadie iba entender mis metas. Que si las lograba iba terminar sólo con mis metas siendo un infeliz. Esas palabras me las dijeron a mí, muchas veces. Si uno es débil de mente uno empieza a creerlo solo porque está en un momento vulnerable. Tienes que poner mucho empeño, mucha disciplina cuando te dicen que no puedes construir nada. Acepta que eres diferente y que no todo el mundo va a querer que tengas éxito.

Cuando estás vulnerable estas palabras pueden herirte pero si estás consciente y tienes los pies en la tierra te das cuenta que esas personas lo que hablan es su realidad y no tu realidad. Jamás tiene que ver con tu realidad, jamás una persona que te dice que tú no puede hacer algo tiene que ver contigo jamás.

Ahora mismo recuerdo que una persona años atrás me dijo que yo era un "soñador" basado en mis metas. Cuando te dicen eso es que básicamente en tu cara te dicen que ni lo intentes. En ese momento y siempre mis metas han sido mi motor de seguir adelante y tal vez en ese momento me lastimó. Lo acepto. Con el pasar del tiempo despertando mi conciencia me di cuenta de que si tenía razón, soy un soñador. De los soñadores que logran su objetivo. Logro lo que quiero. Logro lo que me propongo y analizándolo bien ahora, no era una crítica como yo pensaba. Fue un comentario de admiración y gracias a esa admiración es que yo puedo ejercer lo que yo quiera. Resultó ser mi gasolina ese comentario. Si lo acepto soy un soñador. Una vez acepté ser un soñador, acepté que quiero trabajar por mis propios términos al tiempo que yo quiera, al ritmo que yo quiera es más fácil todo. Imagínate tú pensar que tienes una idea y que no lo puedes lograr, eso no combina. Sin embargo hay una fuerza dentro de ti que fue la misma que creó la idea y las metas que tienes hoy día van a crear la fuerza y el camino para lograrla.

DISTRIBUCIÓN FINANCIERA

Ahora que ya decidiste entender la cultura antigua ya sabes dónde estás en tu presente. Ya sabes dónde quieres continuar el camino, ahora es momento de ser realista contigo. ¿Cuáles son tus metas? Busca una libreta y escríbelas ahora mismo. Ahora, ya que las tienes algunas vienen sin costo económico y algunas vienen con un costo económico. Comencemos con las que no tiene costo económico y es que cosas quieres mejorar de ti en términos de cómo pensar y ver la vida. Ejemplos, quieres ser más amoroso, respetarte mas, ser mas honesto, empático, etc. Lo que sea que te ayude con tu interior emocional primero. Eso es clave honestamente. Eso te va ayudar a tomar mejores decisiones en las que son metas económicas.

Vamos hablar de las que tienen un costo económico. Empecemos a tener metas realistas. Con metas económicas me refiero producir dinero con dinero, no tener metas para gastar dinero. Bueno, si eso es lo que quiere hacer adelante. Hay personas que quieren buscar significado a su trabajo para mantenerse vivo pero no libre. Hay demasiadas personas tratando de tener una meta económica para sentirse bien en gastos innecesarios. Como ropa excesiva y de diseñador, algún carro último modelo, una hipoteca que comprometa todo el sueldo. Hay personas que gastan 30 años de sus vidas pensando que para eso trabajan, para tener esas 3 cosas hasta que se mueran. Tus metas financieras primero tienen que empezar por organizar tus metas financieras de la actualidad. Si no has hecho esto a raíz de tu vida, te exhorto que lo hagas desde ahora utilizando una tabla digital o escrita a mano. Con la tabla puedes ver los números mejor. No tienes que ser un experto. Si no eres una persona organizada pues básicamente estás anotando en tu libreta pero sigues siendo una persona desorganizada, la tabla te va ayudar a tener todo organizado por obligación. Anota cuánto estás ganando. Muchas personas cobran cheque a cheque y por el hecho de que cobran cheque a cheque se creen que tienen control de sus finanzas porque saben cuando van a cobrar. Pero cuando no anotas cuánto te estás ganando completamente, realmente no sabes con exactitud. Una vez anotas cuánto te estás ganando en la segunda columna vas a poner en que gastas. Todo en una línea hacia abajo, hipoteca, carro, luz, teléfono, compra y misceláneos. En la tercera columna las cantidades. Ahora utiliza la suma de cuánto te estás ganando y cuánto te está sobrando al final del mes. Asegúrate de anotar las cosas que gastas innecesariamente en el mes como salir de fiesta, como comprar una pieza de ropa que no necesitabas o tal vez necesitabas para la fiesta. Gastos como esos no se te pueden olvidar porque ahí es donde vienen los gastos innecesarios y si tú no puedes llevar ese gasto vas utilizar la tarjeta de crédito. Eso añade más pagos a tu mensualidad de lo que realmente puedas ganar. Gastar más de lo que ganas no tan solo estás comprometiendo tu dinero pero aun tu tiempo y obligación de no poder abandonar el trabajo. Si vas utilizar la tarjeta de crédito para costear algo porque no tienes dinero te va a salir más costoso del precio por los intereses. Estas pocas veces que haces eso te puede llevar para atrás. Una vez que tengas la tabla lista de tus finanzas claras, entonces es tiempo de empezar la planificación. Que gasto vas a sacrificar o que gasto vas a cortar por completo. No es fácil al principio para nadie. Más difícil aún para las personas que tienen un estilo de vida muy alto, les cuesta trabajo volver comenzar por que ya han construido ego. Tranquilo si eres tú, el ego y las finanzas tienen arreglo. Una vez que empiezas a hacer esto las cosas comienzan a mejorar. Así que no tengas miedo de volver a empezar porque es mejor empezar estructurado que tratar de empezar desorganizado buscando que te salga. Empieza a cortar todo lo que sea necesario, comidas afuera por ejemplo. Cuando comes fuera gastas tres veces lo que vale ese producto sin cocinar en el supermercado. Empieza a cocinar y comer de tu casa, empieza a salir menos, a consumir menos alcohol, a comprar menos ropa, ponte la misma ropa todos los días y créeme te va a sobrar una gran parte de tu dinero mensual. Esto aplica para cualquier sueldo. Yo he conocido personas cobrando 100 mil dólares al mes y sin poder vivir por comprometer su sueldo completo. Esa cantidad monetaria extra pero que siempre tuviste es la que vas a comenzar a utilizar para tus nuevas metas, ya sea de invertir o ya sea de crear más economía para ti. No es tan solo ahorrar porque el ahorro no se multiplica. Puedes crear un flujo de dinero diferente al que ya te deja dinero. No veias este dinero extra porque estabas acostumbrado a gastarlo completo y hasta más. Ahora si quieres renunciar a tu trabajo o crear más dinero hay que ser organizado. Si no eres organizado con lo que tienes ahora, no vas a ser organizado con más de eso. Mucha gente cree que trabajar y ganar dinero es para gastarlo automáticamente. Cobran y les encanta quedarse en cero porque saben que la próxima semana van a cobrar. Es de suma importancia a medida que vayas viendo el dinero que siempre has tenido aguantar la tentación. Recuerda que cuando gastas todo el tiempo sin control ya tienes un hábito de gastar, ahora necesitas tener un hábito de controlar los gastos y haciendo crecer la cuenta. Estos ajustes no tan solo te fortalecen la economía, fortalecen tu mentalidad. Todo viene de la mano y te ayuda a ser más fuerte, porque antes no lo podías hacer porque estaba débil. Ahora estás estructurado y estás creando disciplina. Fortaleciendo de todas partes para mejorar tu vida. En el camino nuevo muchas veces va a entrar en la tentación de decir voy a gastar un poco del dinero que estás preparando. Vas a decirte en tu mente "yo lo recupero" si caes en esa tentación después vuelve hábito y se repite en el futuro. Y ese error lo cometes de nuevo con los meses, cuando vienes a ver todo lo que pudiste haber evolucionado se puso en pausa por no poner disciplina. El verdadero secreto de preparar una cantidad monetaria es aceptar que ese dinero no existe. Piensa cuando gastabas y no te importaba. Ahora preparalo y que no te importe tampoco. Se fuerte porque tú eres fuerte. Otro secreto también es saber decir que NO a muchas cosas, a las cosas que decía que SI antes. Empieza a decir que no si te invitan para un lugar que traiga gastos de nuevo a tu vida. Si te invitan a salidas que requieran gastos recuerda que tienes una meta a largo plazo. Todas esas cosas que invitan tal vez son un placer momentáneo. A lo mejor por sacrificar tanto tiempo te pones débil para sentir "vida". Esa es la confusión del significado de la vida. Tu no quieres en tu vida un placer que te dure poco, tu quieres un placer que sea para el resto de tu vida. Un placer para toda la vida, si. Recuerda tú has sufrido mucho en tu vida como para estar repitiendo momentos rápidos y sin significado a largo plazo en tu vida. Tu quieres una vida que te complemente para siempre. El hecho de que tú estés sacrificando muchas cosas ahora por mejorar, no significa que tu vida va a ser así para siempre. Esto es temporero pero sin embargo si tú no sabes hacer esos sacrificios tu vida se quedará en lo que quieres mejorar para siempre en "un intento". Depende cuanto ganes va a depender de cuánto tiempo te vas a mejorar económicamente. Cuánto va a mejorar en tu fortaleza mental. En ese tiempo no puedes competir con el tiempo de otra persona. Una persona que tal vez gana menos que tú o más que tú, recuerda que tú estás en tu propio proceso económico, en tu propio proceso mental.

¿Cómo no puedes desesperarte si ya estás desesperado? Sí estás desesperado empieza a sentirte no desesperado porque al momento que andas desesperado vas a tomar decisiones desesperadas. Decisiones que vienen con mucho arrepentimiento. Trata de vivir cada día recordando que tu meta es a largo plazo, es un verdadero cambio y no va a ser de un día para otro.

Tú naciste para ser libre no tan sólo con tu cuerpo, libre mentalmente así que si ya eres libre con tu cuerpo no sea esclavo de tu mente. Tu mentalidad tienes que elevarla constantemente para hacerla más grande. En tu vida comes para mantenerte vivo y saludable. Nutrir la mente de igual manera para que siga creciendo y siga expandiendo. Llénate de conocimiento, llénate de creencia en ti para que no te falles a ti mismo de nuevo.

Ya que estás fuerte mental y listo para tomar mejores decisiones, hay una solución si tienes problemas con el tiempo que te puede tomar llegar a lo que deseas. La solución es buscar un segundo trabajo temporalmente y si es necesario un tercero. Es gracioso cuando tú le dices a una persona búscate un segundo trabajo, lo toman a mal por el hecho de que no pueden descansar o que no van a tener tiempo. Sin embargo esas mismas personas que le está malo, le preguntas por sus hábitos y resulta que hay tiempo para fiestas y se amanecen. Hay tiempo para ver TV después del trabajo y se amanecen. Entonces si se pudieran amanecer igual en cosas que pierden el tiempo pero en algo que les genere más dinero, las finanzas pueden mejorar. Es cuestión de hábito, es cuestión de disciplina. Utiliza tu tiempo para añadir más valor. Puedes utilizar el tiempo para tener más valor en la sabiduría y más poder económico. Los beneficios que te busques en estos trabajos extras y temporeros lo estás haciendo por ti. Estás haciendo por ti lo que tal vez nadie haría por ti, no pienses en nada más. Te estás sacrificando por primera vez para ti, antes te sacrificabas todo el tiempo por los demás, utilizando dinero para sorprender a los demás, utilizando dinero para salir de fiesta con los demás. Ahora estas para ti, para invertir en ti, para tener mejor calidad de vida. Cuándo quieres y comienzas estos trabajos extras te van a criticar diciéndote comentarios super negativos pero recuerda la primera sesión de este libro. Están hablando de sus miedos no de los tuyos. Tampoco te preocupes por el tiempo, el tiempo es diferente para cada persona. Si tú crees que te estás tardando mucho y estás perdiendo la conciencia del tiempo piensa en tus modelos a seguir que a lo mejor no hacen lo mismo que tu quieres pero te inspiran. Lebron James de los mejores atletas de la NBA en la historia de seguro al salón de la Fama se tardó 9 años en ganar su primer campeonato. Sin padre a seguir y una de las personas mas odiadas al mismo tiempo por la sociedad. Justin Bieber comenzó cantando en las calles al igual que Ed Sheran. Ambos con disco de Platino hoy día. El coronel Kentucky de los restaurantes Kentucky Fried Chicken después de sus 60 años vino conocer el éxito y el significado de su vida con su receta secreta del pollo frito. Ray Kroc el fundador de McDonald's vino a tener el éxito después de sus 50 años después de haber fracasado en los negocios e irse a la quiebra múltiples veces. Leonardo DiCaprio ganó su primer Oscar después de 12 años en 6

nominaciones. ¿Tu vas a quejarte por que las cosas no te salen en un mes?
¿Qué tan grandioso estás haciendo lo que haces todos los días? La grandeza está ahí esperando por ti no quieras que sea de la noche de la mañana. Créeme si es de la noche a la mañana no vas a sentir el sacrificio ni la recompensa que tiene la grandeza esperando por ti. Mira mi ejemplo yo había comenzado este libro hace dos años atrás y le puse una pausa y valió la pena en estos dos años yo he crecido más espiritualmente, económicamente y físicamente y me dio todas las experiencias más de lo que yo estaba buscando para comenzar y terminar este libro. Desde un principio ya todo tenía un propósito el cual me hizo parar pero no lo sabía, ahora lo sé. El manuscrito que ya yo tenía antes no lo continué. Lo comencé de nuevo sin tener

que ver el manuscrito de antes porque soy una persona nueva y mejor versión de mi de lo que era hace dos años atrás. Con esto te digo que las metas están ahí presente, tú lo vas a lograr, lo que tú tienes que hacer es ir un escalón a la vez. Ahora gracias a que yo me tardé dos años más te puedes beneficiar mucho mejor de mi fluidez al expresarme. Cuando lo comencé estaba luchando con aprender a expresarme de la manera que me expreso hoy y todo ha sido un día a la vez. Créeme una persona como yo no era de muchas palabras, no era una persona capaz de expresar mi sentimientos correctamente. Mis sentimientos vivieron muchos años desorganizados. Por el hecho de el miedo a ser juzgado por expresar mis sentimientos reales por que también no sabia si eran reales por que honestamente siento que muchas veces puse mis sentimientos en pausa por que no lo veía como prioridad. Así que cada uno tiene su lucha diferente, ya he aprendido a expresarme, a tener paciencia, a cumplir mis metas cada día, amar lo que hago, amar mi vida y a la larga se van dando poco a poco. Las metas nunca van a parar por el hecho de que tener metas es el motor de mi vida, es lo que me mantiene esa chispa de sentir la vida al levantarme. Lo mismo puede pasar contigo, yo no soy mejor que tu ni superior a ti. Si tú piensas que no tienes propósito en la vida utiliza las metas como un propósito de levantarte todos los días. Si tú no tienes metas empiezas a tener una vida que tú no amas, empiezas a tener una rutina que tú no amas y se vuelven las cargas más pesadas. Si tienes metas de estructurar tus finanzas y tu ser interior, empiezas a vivir lo que tu amas, no importa el sacrificio o que te tomes el tiempo que te tome estás disfrutando cada escalón de tu vida. Hay placer en el camino aunque sea abrumador, vale la pena cada cantazo que te das.

POSIBLES FUENTES DE DINERO

"NO SOY ANALISTA FINANCIERO SIEMPRE NECESITAS BUSCAR MÁS A FONDO QUE NECESITAS HACER Y TOMAR TUS PROPIAS DECISIONES."

En este tema voy a darte varias ideas por si no se te había prendido el bombillo se te prenda al menos en un tema. Cada persona trabaja a su método entre beneficio o pérdida. Me refiero a que hay personas que quieren ganar más tiempo en su vida y otras personas quieren ganar más dinero o mejor aún ganar ambas cosas. No hay ninguna manera simple, se simplifica con la experiencia. En algunos métodos que necesitas mucho calidad física estar presente en un horario y ponchador. Estos tal vez son los que le roban la felicidad a la mayoría de las personas, el físico y mental. Hay otro métodos que no tienes que estar en un lugar específico, lo puedes hacer de cualquier parte del mundo con internet y requiere la mayoría del tiempo más labor mental. ¿Qué quieres hacer? ¿En qué te quieres desenvolver?. Yo amo el Stock Market, no simplemente por el beneficio, me gusta y es un tema que no es para todo el mundo. Obviamente la bolsa ha existido por un largo periodo de tiempo y tiene demasiada historia y no necesita toda la historia para operar los mercados, pero si quieres saber más directamente sobre este tema, te recomiendo obtener mis otros dos libros. *"Secretos de un Day Trader"* y *"Patrones Repetidos"*. Puedes obtener ambos en www.patronesrepetidos.com.

Obviamente tú quieres un cambio placentero pero si tú quieres resolver lo que está pasando ahora trata de resolverlo para siempre y no temporalmente. Si tú quieres cambiar tu trabajo tradicional físico por una computadora tienes que ser más paciente de lo que eres normalmente. Tú piensas que tú no tienes paciencia pero has creado una paciencia brutal en estos años que has trabajado en un lugar donde no quieres con un salario que no quieres. Si tienes paciencia y es "TOP" lo que pasa es que tú la depositas en el lugar donde te acostumbras y donde no estás acostumbrado te pesa. Hay una fuente de dinero tan grande a través del comercio "online" que a veces se me hace creer que hay tanto negocio físico aun sin presencia "online". Si tú no tienes presencia "online" hoy día es difícil crecer una idea en la era digital. El teléfono es algo que tiene todo el mundo y depositas cinco horas al día en el teléfono como tu estilo de vida y tal vez ni te das cuenta. Que tal si tu mismo estilo de vida online pudiera generarle dinero. A través de tu estilo de vida ya si tú pasas cinco horas en el teléfono o en la computadora y no estás generando más dinero del que ganas ahora simplemente es porque no quieres aprender. Te voy a dar un par de ideas. Recuerda toda idea básica o complicada en este término necesitas mucha energía mental, concentración y acostumbrarte a ese tipo de trabajo. Puede ser eficiente pero a la misma vez puede estancarte mentalmente y económicamente. Tienes que buscar que te gusta, que te apasiona y algo que te define como tu persona. Así, se te va a hacer más fácil escoger donde quieras depositar la energía en la nueva fuente de dinero. Nuevos para ti y algunos no tan nuevos porque realmente no son nuevos llevan en el mercado más años y no se porque muchas personas se enteran ahora pero así es la vida.

NFT

NFT se corresponde a las siglas «non fungible token», que podemos traducir como «token no fungible» o «activo no fungible», o, lo que es lo mismo, el significado de NFT quiere decir que se trata de un activo que es único, no se puede modificar y no se puede intercambiar por otro de igual valor, porque no existiría uno igual.

El arte digital se empieza a subastar por cientos de miles de dólares. Una tendencia que podría hacer que ilustraciones, videos y otras obras digitales como GIFs y memes valieran millones de dólares y todo gracias a un certificación de autenticidad y propiedad llamada Non Fungible Tokens o NFT.

Piensa en esto, el arte de coleccionar se ha movido a digital. Es de las cosas más locas que está pasando en la actualidad. Porque muchas de estas fotos las puedes obtener en Google y ya, tienes una pero "No es la original" directamente del artista. Si, déjame explicarme mejor, te acuerdas coleccionar cartas de deporte, figuras, pinturas de la pared, zapatos etc. Con el tiempo aumentan de valor, pues eso básicamente se ha movido al mundo digital. Los coleccionistas están dispuestos a pagar cientos de dólares por una imagen directamente del artista.

Hasta la fecha el mercado más grande para invertir este tipo de transacciones públicamente es www.opensea.io/ . También hay ventas privadamente directamente con los artistas o creador. Así que si eres bueno en diseñar o hasta tus propias fotografías es un mercado que puedes mirar. Y si eres coleccionista buscando lo más nuevo, este es un buen tema.

"AFFILIATE MARKETING"

Una de las ideas más fáciles que lleva tal vez alrededor de más de 15 años. Requiere tiempo, energía, poco o nada de capital. Consiste en que tú te afilias a una marca ejemplo Best Buy, Amazon o cientos de compañías que tienen esta oportunidad. Tu promueves un producto en tu Social Media, mensaje de texto o por e-mail con enlace elaborado por ellos y tú vas a recibir un pedazo de comisión por la venta de ese producto. Si, así de sencillo, tú piensas que tienes que ser "Influencers" para sacarle dinero a las marcas más reconocidas y no es así. Si tú vas al website de Best Buy o Amazon por ejemplo, hay un área que dice "Affiliate" y haces tu cuenta. Ellos tienen videos tutoriales como puedes ser afiliado de ellos. Imagínate tú comprar tu laptop favorita estás encantado con tu laptop con tu enlace de afiliado lo compartas diciendo que te encanta ese producto. Varias personas la compran y tú recibes una comisión por esas compras. Amazon recibe millones de visitas al día, millones de clic y venta al día. Que tu promuevas lo que te gusta y te pague al mismo tiempo es posible y sin capital. Hay websites como www.cj.com que se dedican a conectarse con todas las compañías que hacen afiliado. Haces una solicitud a la tienda y ellos te aceptan. Hay tantas industrias dentro de los "affiliate marketing" que tú ni te imaginas. Belleza, estilo de vida saludable, fitness, productos del hogar, productos industriales, hasta productos digitales. Puedes ayudar a crecer otros negocios por comisión mientras tienes tu trabajo regular. Puedes cobrar desde centavos por cada clic depende del precio del producto o cientos de dólares si es un producto de alto valor. Y tú dices pero cómo voy a crear un enlace si nadie me conoce yo apenas tengo amistades, pues tienes que crecer el nivel de alcance, tienes que ser más social. Se una persona que entra a los grupos, habla y comparte porque si tú no progresas personalmente, no quieres progresar económicamente. Tú crees que sin mover un dedo tú vas a poder ayudar a más personas a crecer y ayudarte a ti mismo, no. Necesitas escalar el nivel de ser social. No hay ningún método de que tú no hagas nada sentado en el sofá todo el día y crecer económicamente y espiritualmente a menos que hayas hecho las cosas correctas durante años que te permita esa vida, que no es vida si estás en el sofá.

Si te haces afiliado de Amazon y amas este libro, puedes promover este mismo libro por un % de comisión con tu enlace de afiliado. Tú puedes beneficiarte, así de simple ¿no es brutal la vida que estamos viviendo?

Cuántas veces tú no compartes cosas en tu social media productos que te compras sin nada cambió, pues no te va molestar para nada promover el mismo producto pero con un enlace afiliado que te deje un porciento en comisión en ese mismo producto, ¿que no es brutal?

"Drop Shipping"

Vender productos sin tener el negocio ni los productos, tú siendo solo el mediador. Quiere decir que tu montas tu página web con los productos de la industria que te hagan feliz, los productos son de otros países y de otros negocios. Las ventas que genere tu página está automatizada para que la venta le entre al distribuidor y ellos envíen el producto a tu cliente. Al igual que cada negocio si escoges una industria no tan caliente o no un producto tan caliente pues puede ser que las cosas sean lentas. Recuerda solamente está invirtiendo tiempo y energía y a medida que pasa el tiempo puedes invertir dinero en tu propio producto y enviarlo a los clientes para que hagan el "dropshipping".

Sub Rentar un Airbnb
(rentar una propiedad que no es tuya)

Puede ayudar a las personas que conoces si tienen propiedades que no utilizan. Pregúntale si ellos pueden darte la oportunidad de qué se la puedas subarrendar en Airbnb o un inquilino de más tiempo. Para ambas partes es ganancia. Hay gente que tienen casas, no la usan, no saben el beneficio que le pueden sacar en la renta. Está también la persona que necesita alguien que le maneje la propiedad en estas plataformas digitales por un % de comisión.

CREADOR DE CONTENIDO

Hablar o crear contenido en algo que tú conoces o que te gusta. Viajes, comida, productos, temas sociales, deportes, etc. Lo más seguro es que tengas un celular que vale cerca de mil dólares y es por que tiene todo lo que necesitas para crear contenido 24/7. Hablar de lo que tú conoces y de lo que tú haces puede impactar a la sociedad de alguna manera que estén dispuestos a pagarte por intercambio de información. Muchas veces la misma información que presenta gratuitamente. Las personas están dispuestas a pagar por información. Yo soy una de ellas, yo he pagado por información. El hecho de que tú impactes a las personas, las personas estarán dispuestas a colaborar contigo con sus marcas o productos. Mira tu y yo, conectaste conmigo de alguna manera y estás leyendo mi libro, hiciste una inversión para conectar conmigo por intercambio de lo que se. Básicamente lo mismo puedo hacer contigo si tu me brindas algo. Eleva tu juego, eleva tu conocimiento y comparte lo que sabes.

Lo más importante de estos métodos online es comenzar. Buscarte un mentor que sea duro en conocimiento en lo que te gusta, eso te ayuda a crecer más rápido en el tema. Créeme que la mentoría es necesaria. Hay personas que ya estuvieron en el mismo lugar que tú estás ahora, cometieron muchos errores y tienen la solución para que tú adelantes. Ese el beneficio de vivir en los tiempos que estamos viviendo ahora personas que están dispuestas a solucionar los problemas por un costo es lo mejor que pueda pasar en esta era moderna. Imagínate tú empezar algo en un tiempo moderno que nadie lo haya creado que te va a tomar años de conocimientos, experimentos para poder lograrlo. ¿Tú crees que tengas esa paciencia? ¿Tú crees que tengas esa estamina mental? Para poder ejecutar una idea desde cero en un tiempo que es tan moderno que hasta los carros ya vuelan y hasta las personas ya vuelan. Si eres un genio para crear algo que no existe ve adelante. En estos mercados que te estoy mencionando ya están ahí hace algunos años, así que no quieras ser el qué no sabe cómo funciona a propósito. Si dominas una de estas áreas puedes convertirte en un duro en esta informática pero tienes que querer y eventualmente cambiar tu vida. Por qué si tú no quieres, nadie va a querer por ti. Tú sueñas con los beneficios de trabajar desde una computadora en cualquier parte del mundo pero no quieres hacer nada por aprender, eso no combina. No dejes la idea en la mente solamente y nunca hagas nada. Porque si no haces nada, tu futuro será el mismo que tienes hoy en presente. Sal de la zona de confort para arreglar tu vida, créeme estas ideas son súper básicas para mucho más que puede hacer comparando el trabajo que tienes que no te gusta. Hay muchos de estos mercados online donde tú haces dinero con más dinero o a veces dinero sin dinero. Pero como todo hay personas que se rompen la vida por culpa de esto por no estar fuerte mentalmente le echan la culpa al mercado que intentan 2 semanas. Si tú entras a las industrias en un método sólo por "*hacer el dinero*" básicamente vas a perder el tiempo, energía y también dinero y posiblemente tu fé en tu crecimiento. A mi me cuesta escuchar tanto a las personas cuando me hablan que "*voy a hacer esto a ver qué pasa*" ."*voy a intentar esto a ver qué pasa*" es que ¿para qué vas a intentar eso pensando rápido "*a ver qué pasa*"? Porque no intentas de lleno, porque no intentas que funcione, porque no intentas escalar, para progresar, para que tu vida cambie seriamente. Tú no quieres tener tu vida "a ver qué pasa". Tú quieres vivir tu vida al máximo, vivir las mejores cosas que son para ti. Tú tienes que dar el máximo a las cosas que quieres hacer porque no se puede ser un vago y tener los beneficios de una persona que si hace el trabajo y la tarea. Cuando personas entran inexpertos a los mercados financieros "online" realmente se dan con una pared super sólida en la cara.

LA MENTORIA

Hay personas que tienen la solución al error que tú vas a cometer por no buscar ayuda, no seas terco, no seas egocéntrico. Hay muchas cosas que tú puedes hacer sólo por tu cuenta, pero cuando tú dices "ah yo no necesito ayuda de nadie, lo quiero hacer yo mismo no quiero darle el crédito a nadie" Básicamente eso no es ninguna estrategia. No tiene nada de malo cortar la línea del crecimiento, créeme, no tiene nada malo. Tiene demasiado beneficio cortar la línea de crecimiento.

Yo he invertido en mentoría y no me arrepiento de ninguna por el hecho de que me ha ayudado demasiado inclusive hasta para hablar, hasta para expresarme, para poder escribir este libro y poder llevar el mensaje correcto. Una de las cosas más importante de este juego de la mentoría es que lo veas como un amigo que tú estás dispuesto a pagarle. Un amigo mentor por ayudarte a crecer. Entonces si tú piensas que tú no tienes amigos o amigas que te ayuden en el progreso entonces pagarle a un amigo nuevo porque te ayude progresar es fantástico. Pienso que eso es mágico.

DELEGAR

Otra de las cosas más importante cuando se está creciendo en el emprendimiento es delegar las tareas. Si tú eres tú mismo todas las posiciones de tu negocio te quitas la oportunidad de poder crecer completamente. Tienes que delegar las tareas porque uno no sabe todo. Uno puede creer que sabe todo pero siempre va a haber una persona que sabe más que tú y tú le va a delegar a esa persona que sabe más que tú. Así puedes enfocarte tú en otra tarea que tu dominas y así sucesivamente esa es la manera estratégica para tu poder crecer no tan sólo empresarialmente sino también espiritualmente, mentalmente porque la idea de crecer en los negocios es crecer de una manera espiritual y mental saludable. Nadie puede crecer en una mente cargada cuando tú quieres hacerlo todo. Y créeme yo he estado ahí también. Dejamos nuestra mente y nuestra felicidad por querer hacerlo todo a la vez. De qué te vale progresar económicamente si está jodiendo tu entorno.

TURO

TURO app es la aplicación que te permite alquilar tu carro. La pandemia que trajo el coronavirus hizo que el tráfico de viajes bajará. Como resultado muchas de las compañías de alquiler de autos se fueron a la quiebra o cerraron. La mayoría tuvo que vender su flota de carros para sobrevivir. Eso le dio un impulso a esta app para posicionarse. Al igual que los Airbnb tu puedes poner tu carro en alquiler por un precio con tus reglas. Puedes poner el mínimo de días que te gustaría alquilarlo. Antes de la pandemia TURO era famoso por tener carros exóticos. Ahora con la demanda encuentras cualquier carro. En un mercado saturado ahora mismo debes saber cómo posicionarse para no estar en competencia y tener algo que te haga exclusivo. Para eso te dejo el mejor curso para aprender a ser un "HOST" 5 estrellas. El website es: www.latinosenturo.com

VENTAS DE GARAJE

Otra de las cosas que está super desvalorizada y tiene mucho potencial por años. Para esto se necesita capital pero no tanto. Muchas personas salen de cosas que piensan que no tienen valor, inclusive tú tienes cosas que tienen valor y no sabes que lo tienen. Hay muchas personas que venden todas las cosas de su casa porque se tienen que mudar o renovar y hacen un anuncio en social media "venta de garaje". Ahí sí que es un premio porque vas a comprar las cosas que tú sabes que tienen valor. También puedes hacer este ejercicio en las casas de empeño.

En fin, mientras haces tu búsqueda de cosas usadas chequeas en cuánto venden lo mismo en eBay o Amazon para el precio actual de nuevo o usado. Esta tarea te va llevar a veces a encontrar artículos usados por $1 que valen $12, eso quiere decir $11 de retorno al instante. Si practicas eso constantemente, puedes darte el liderazgo que necesitas para seguir creciendo. Eso es un método que muchas personas dicen "para que yo voy a comprar cosas usadas" "no compro cosas usadas" ¿acaso no puedes comprar cosas usadas para venderlas? no entiendo a veces, no entiendo a las personas. Al igual que las ventas de garage hay muchas personas también vendiendo cosas online también usadas. Es tiempo y energía de comprar una cosa intercambiarla por un poco más de dinero.

LA ERA MODERNA

No es obligatorio pero el mundo digital llegó para quedarse una era tan mágica donde ha facilitado tantas cosas. Todo es más fácil al alcance de la mano, es un beneficio y a la misma vez un peligro. Si te planificas bien puedes sacarle mucho provecho a la nueva era, que es nueva era hace tiempo pero a lo mejor no para ti, el mundo digital hay que atacarlo. Hay tanta oportunidad de inversión, tanto invento que realmente me quedaría corto en esta sección del libro de todas las maneras que se puede multiplicar el dinero. La productividad es tanta que gracias a la era digital supiste de este libro y gracias a este libro estás aprendiendo cosas nuevas. Si no estuviéramos en la era digital yo tendría que publicar este libro así: Sentarme en una silla en una estación de libros y esperar que alguien se acerque a mí para poder hablar de mi libro. Tiempo y energía gastado según lo que vivimos ahora. Sin embargo ahora yo estoy haciendo este libro hablando no estoy ni tan siquiera escribiendo por que estoy utilizando comando de voz. Creo que por eso lo dejé de hacer hace dos años para no escribirlo, jeje. Así de fácil voy a llegar a tu celular rápidamente ¿no es mágico eso? El mundo digital puede ser muy peligroso y vulnerable en las catástrofes naturales. Una semana sin estar con señal o internet es más que una catástrofe natural. La dependencia es tanta que uno se siente perdido, ya uno no lee ni los letreros en la carretera gracias al GPS. Ha creado muchos vagos. No puedes olvidar saber de la manera de antes, de estar presente en la vida, saber sobrevivir sin internet y con la manera digital. Las personas que de la generación que viene van solamente a sobrevivir con la era digital no van a saber tanto como ir a un sitio a comer y estar presente en la vida sin el teléfono. También no mucha gente va a salir a comer por el hecho de que con un botón pueden pedir comida desde el sofá, de su casa. Lo que va a traer y lo que se ve ya en la era moderna digital puede traer muchas cosas buenas pero a la misma vez asusta, asusta si uno no prepara la mente. No importa si eres joven o viejo, la salud mental es prioridad y saber estar presente en la vida. Es importante tampoco dejar que la era digital o los negocios digitales consuman tu vida, tú eres una vida que tiene valor igual, tú eres una inversión que también tienes que cuidar.

¿POR QUÉ HABLAR EN SOCIAL MEDIA AUNQUE NADIE TE CONOZCA?

Estamos viviendo un mundo muy social, extra social, que yo te diría que muchas de las personas tienen poca privacidad gracias a las redes sociales. Entonces eso se ha convertido en lo "normal" cuando no debería pero hay muchas ventajas de ser social. En la historia antes, si nadie sabía de ti tenían que enviarte una carta para poder saber de ti, después llegó la radio, el teléfono, el celular y después llegó el Internet. Si tú no tienes amistades o tú no tienes personas que estén a tu alrededor es que simplemente no quieres ser social. Antes era entendible que nadie supiera quien tu eres o simplemente no tuvieras amigos era entendible, porque si estabas muy bien en tu casa y no te llamaban o no te enterabas de la próxima fiesta, simplemente tú no existías. Ahora tienes la oportunidad de existir a propósito. Mucha gente le tiembla la mano pensando que por hablar en el social media tienes que ser famoso o tienes que ser "influencer" o tienes algo que brindar específicamente. La verdad es no, la idea de tu estar en el social media es ser sólo tú, no tienes que ser "alguien más". Tú brindas algo a la mesa con existir, con tu personalidad, con tu creatividad. Si no tienes creatividad, sé creativo empieza dando el primer paso, hazlo. Si tú necesitas amistades o conectar con personas, lo primero que tienes que hacer es hablar. Tan fácil como coger el teléfono y decir "Hey estoy buscando personas para emprender una nueva idea" o "Estoy buscando personas para poder elevar mi nivel mental" quienes quieran compartir se van a comunicar contigo. Tal vez al principio si no eres una persona social pues no va a recibir un mensaje rápido sobre eso que tú quieres pero una vez lo haces y lo haces y lo haces, créeme alguien te va a contestar. Las primeras veces que yo empecé a hablar en el social media básicamente fue fácil porque yo sabía que yo no estaba hablando con nadie.

Todavía utilizo ese método, yo hablo como si no estuviera hablando con nadie específico pero a la misma vez como si estuviera hablando con alguien cercano a mi para mantener ser genuino. En orden de yo llevar el mensaje, mi misión siempre ha sido que si yo hablo, yo puedo llegar a una persona que me necesite por el hecho de que la mayoría tiene el teléfono 70% de su tiempo. No todo el mundo tiene las mejores personas alrededor y que yo brindo un mensaje de apoyo o de cómo me siento, lo que estoy haciendo por que puede inspirar o acelerar la creatividad de una persona para sentirse mejor o inclusive peor tal vez por qué hay de todo en el mundo pero la idea está con alzar la voz. Yo me recuerdo a mí mismo estando solo sin comunicación con nadie buscando soluciones por mi cuenta, tratando de tener una mejor calidad de vida, esperando que las cosas lleguen a mí, hasta que uno se da cuenta que las cosas no funcionan de esa manera. Uno tiene que empezar a encontrarlas. Básicamente si yo no hubiera alcanzado las personas necesarias en el camino, yo estuviera todavía encerrado yo no sé dónde sin saber de las personas. Uno nunca sabe lo que puede pasar si uno nunca toma acción basado en el futuro que uno quiere tener. Sin embargo, alzar la voz, conectarme con personas, tener amistades, etc. He conocido personas grandes de corazón, he conocido una cultura nueva brutalmente, amistades con otro tipo de pensamiento, disfrutando las diferentes ideas entre nosotros y respetandonos. Todo eso me ha ayudado a elevar mi capacidad empática porque cuando tú cuentas tu historia siempre hay alguien que también tiene una historia para contarte. Es un mundo super hermoso poder conectar con personas igual de sabías e interesantes que tú o no tan sabias pero tu poder conectar con personas como tal es una bendición. Comienza simple, comienza hablando de cómo te sientes, saludando buenos días, buenas tardes, que hiciste en el día de hoy, si te gustó o no te gustó el día, deja que las personas sepan quien tu eres. No te presentes como no eres tampoco, se tú y a medida que tú vayas teniendo consistencia en comunicar quien eres, la gente va encontrar consistencia en hablarte. Tú crees que yo hubiera sabido antes que yo hoy día iba a recibir mensajes de personas alrededor del mundo de apoyo? También de odio para ser honesto. Sin embargo ese es el impacto de alzar mi voz porque sí yo no lo haría esas personas que me hablan, no se enterarían que existo.

Eso son los frutos, sin embargo tengo que ser claro, mi misión nunca a sido que las personas se enteren que yo en existo a propósito. Cuando yo estaba haciéndolo por primera vez y hasta ahora, solo trato de comunicarme con personas que se sienten solas, personas que tal vez se sienten abandonadas. Porque muchas veces yo me sentí así y por eso es mi llamado a hacerlo. Yo no busco la fama ni quiero fama en general. Yo puedo vivir tranquilo con quien soy hoy día y hacer mi voluntad cada vez que puedo le llegue a alguien o no. Eso lo mismo que tú puedes buscar a la hora de hablar en social media, tú puedes ser simplemente tú no en busca de fama, no en busca de reconocimiento, simplemente dejar tu huella de cómo ayudar a una persona. Puedes ayudar tanto con alguna solución a un problema y no tiene que ser perfecta para tu poder ayudar a alguien. Cuántas veces Youtube no te ha sacado de aprietos de como hacer algo gracias a personas que se atrevieron a tomar un video a la solución. Mira este ejemplo, Tú puedes tener un día en el cual tú tenías un montón de cosas que hacer y todo te salió mal. Sin embargo de camino a tu casa viste una persona que se le explotó una goma y decidiste ayudarla y todo salió bien es el mejor ejemplo que te puedo decir que la vida no tiene que ser perfecta para tu poder ayudar a alguien. Tú sólo tienes que tener un buen corazón, aprender a tener un buen corazón y ser empático. La empatía es algo que no se discute mucho y a mí me encanta, porque una vez tú entiendas la empatía, entendemos cómo las personas se pueden ayudar o no. Busca en el social media personas que tengan tu mejor interés personal de mejorar porque si tú utilizas tu social media solamente para entretenimiento, para ver videos de problemas, video de risa o video de noticias negativas pues simplemente está entreteniendo los ojos y no avanzando en nada. Eso es bien similar como personas que pasan todo el día viendo el televisor, eso para mi es matar la mente lentamente. Si tú quieres crecer como persona pues tienes que cuidar lo que miras y escuchar y a quién sigues. Mira que estén buscando lo mismo que tú quieres, crecer como persona, que estén hablando como tú quieres hablar, que estén haciendo y ejerciendo de lo que tú quieres. No con interés de copiarlo simplemente es para sembrar la semilla en ti y tú puedas crear tu propio camino. Por qué algo que se está confundiendo en esta nueva generación en el social media es querer ver a las personas como competencia o ver a las personas como comparación. Realmente no debería haber comparativa ni en el social media ni en el mundo presente donde tú tienes presencia a tu alrededor. No tienes porque compararte en el social media con quien tiene mejores cosas o peores cosas, quién tiene mejor calidad de vida o no porque básicamente es un pensamiento de cultura antigua. El que se compara en el social media no se ama a sí mismo. Utiliza el social media para curarte no para enfermarte. Básicamente el que no tiene control de lo que está buscando en social media termina infectado en la comparativa, afectado psicológicamente pensando de que no tiene una buena vida que puede compartir y eso está mal. Yo pienso que mientras más orgánico tú seas y seas tú mismo, más impacto tiene sobre la vida de las personas para que puedas ganar su confianza a la hora de conectar. Ser tú mismo no tienes la presión de que tienes que pretender a alguien que no eres. Me da lástima que muchas personas tengan que aparentar solamente para tener una vida en el social media y no disfrutar la vida real fuera del social media. Yo soy de los que prefiero tener mi vida real, sea crudo o no, si me peino o no, si tengo la mejor ropa o no. Eso mantiene mi mente saludable ya que no tengo que vivir para los gustos específicos de alguien.

Me ha servido de mucho el social media el poder encontrar mentores, amistades que me han podido ayudar a ser la persona quien soy, ejercer la carrera que tengo, a comunicarme de la manera que comunicó, a expresar mis sentimientos y buscar destinos para viajar. Al social media se le saca mucho provecho en términos de crecimiento. No utilizo el social media como término para infectarme. Todo lo que sea infectarme los ojos y los oídos, yo lo bloqueo, lo dejo de seguir. No permito que algo en el social media me saque de enfoque, ni entretenerme. Mi enfoque es el crecimiento cuando estoy libre. Estar en el social media me permite ver personas que no veo hace tiempo, que están haciendo con sus vidas, si la están pasando bien o mal, si me necesitan. Es una bendición de la manera que uno puede estar cerca hoy día aunque estén lejos en distancia las personas. Si tú no te estás beneficiando ahora mismo de tu social media debes comenzar ahora mismo, saca el teléfono y habla que estás leyendo mi libro, que te sientes bien o mal por mi libro y si lo recomiendas o no. Empieza con ese video, empezaste con algo no importa si es bueno o malo, no importa si es perfecto, no importa si tienes luz o no, si tu teléfono es de calidad o no. Lo importante es el paso que vas a dar puede cambiar el rumbo de tu vida completamente. Después tienes que tener la meta de seguir creciendo para impactar con tu disciplina todos los días. Un pedazo de comunicación es una invitación a quien quieres ser y la persona que vas a convertirte.

LA PAZ MENTAL Y EMOCIONAL.

Has escuchado hablar sobre la base emocional, empatía pero yo sé que muchas personas no comprenden este tema al igual que otros temas que estoy hablando. Aunque sepan o lo hayan escuchado antes no lo comprendan del todo. Este es el tema donde es súper vulnerable para muchas personas. Por el hecho de poder encontrar la paz emocional tienen que encontrarse a sí mismos. Tienes que saber que es tu identidad, qué es lo que cargas, que te gusta y que no te gusta como persona para ti, no como persona para otras personas. Que te gusta a ti como persona como si no existiera más nadie en el mundo por un momento. Solo por un momento, tampoco hay que ser tan egoísta, no queremos alimentar el ego. Una vez tú identificas tu identidad, tú puedes identificar qué es lo que te hace mal y qué es lo que te hace bien.

Momento de ejercicio vas a coger una libreta, tú vas a empezar a escribir que te gusta en un lado y que no te gusta en el otro lado. En otra parte, qué te gustaría hacer con tu vida. Vas a pasar a evaluar esas cosas que te gustan y que no te gustan y si te están llevando lo que te gustaría hacer diferente. Recuerda todo como primera persona estamos hablando en términos emocionales y personales de lo que te hace feliz y lo que no te hace feliz. Ese es el primer ejercicio como para tomar tu vida en serio porque muchas personas quieren tomar su vida en serio pero no son capaces de escribir una libreta que le hace feliz o no. No comprendo cómo quieren tomarse la vida en serio. Por qué tú puedes tener la mayoría de las cosas que te hacen feliz alrededor y como quiera no ser feliz dentro de ti. Sin embargo no has llegado a donde quieres llegar pero eres feliz y no lo sabes. Todo eso viene a raíz de no hacer una evaluación personal de identidad y paz emocional.

Con todas las distracciones más el social media y muchas cosas que te expliqué hace un momento pueden ser qué te perjudiquen como persona y saberlo. Cuando te estuve hablando de compararse con las demás personas es algo que te puede perjudicar la paz. Si eres una persona egocéntrica y que no tiene empatía por los demás pues te puede perjudicar también. ¿Qué tal si encontraras alguna manera de poderte sentir bien por los demás y no mal con los demás ni mal con tu vida porque a los demás le va bien y a ti no? Por qué, ¿Quién pone las reglas realmente a quien le va bien y a quien no le va bien basado en términos emocionales? ¿Te has puesto a pensar en eso? ¿Qué hay detrás de cada social media y detrás de cada corazón?

¿Quién eres tú para identificar a la demás personas si les va bien o no? Si, no sabes la respuesta, yo sé, es que básicamente ¿para que estás pendiente a la emociones de las demás personas y no estás pendiente a tus propias emociones que son las que importan?

Lo que tú estás cargando 24 horas dentro de tu cabeza no te puedes escapar. ¿por qué no utilizas tu cabeza para darle amor y atención primero? Evita la comparación de darle atención a los demás por un momento para poder alcanzar esa paz emocional que estás buscando tenga la vida que tengas. Una vez que haces el ejercicio de la libreta de todo lo próximo es tomar acción de las cosas que vas hacer para poder llegar al lugar que quieres llegar o a la persona que quieras llegar a ser. Éste es el ejercicio más complicado a la hora del progreso, porque muchas personas quieren progresar y sentirse bien en el progreso desde el principio. No quieren sufrir, no quieren derramar ni una lágrima ni nada y el progreso básicamente es altas y bajas emocionales. Tu poder sobrellevar lo que te está sucediendo es tener control de ti. El progreso ni la vida es color de rosa para que tu quieras emprender una nueva idea, emprender un nuevo camino y que te vaya perfecto, súper brutal y sonriendo todos los días desde el primer día. Eso sería simplemente una fantasía. Pero, si tú trabajas tu paz emocional y te pones control de tu progreso es más llevadero. Aceptando las altas y bajas, tu paz emocional es más llevadera y ese es el primer paso al verdadero crecimiento.

Tu paz emocional comienza contigo. Lo que no te gusta a tu alrededor debes sacarlo. Las personas que no componen nada en tu vida tienes que sacarlas. Son pasos difíciles de tomar, lo sé. Muchas personas se apegan demasiado a las personas o se apegan demasiado a las cosas. No dejan ir personas ni las cosas tampoco. Tomar acción sobre esa decision tan dificil es lo que te va a llevar de camino a tu paz mental. Sal de esas cosas que no necesitas que te están llevando al fracaso. Sal igual de las personas que te están llevando al fracaso. Salir de amabas te va a llevar donde tú quieras estar y una de ellas es ser feliz contigo mismo. Puede ser hasta doloroso cortar apego emocional pero es superable. Puede que al principio sientas muchas emociones altas y bajas pero en altas y bajas y como todo no va a cambiar de la noche a la mañana. Con esto, tú lo que vas hacer es impulsarte hacia arriba completamente y tu paz emocional. Es un gran paso que cortes con esas cosas que te están deteniendo.

Una de las cosas más complicadas es cuando practicas ser un buen ser humano. Cuando tú eres un buen ser humano, quieres que todo el mundo esté a tu alrededor bien. Quieres crecer con personas que tienes apego pero ¿Estas personas que están a tu alrededor quieren lo mismo contigo? Eso es lo que te deberías preguntar porque si tú quieres crecer con unas personas que no quieren crecer contigo pues básicamente estás perdiendo el tiempo. Si tú quieres progresar y las personas que están a tu alrededor no quieren progresar terminan siendo un ancla para ti. Y si son un ancla para ti, terminan afectando tu paz emocional porque no puedes alcanzar lo que quieres lograr básicamente porque no quieres soltar la cadena del apego.

Yo si he tenido que soltar personas de mi vida completamente. Creando una súper distancia y una barrera al mismo tiempo por querer encontrar más de mi paz. Yo tenía anclas sin saber que tenía anclas por tener un buen corazón, uno no lo quiere ver y uno no lo quiere entender. Se convierte en normal y no debería convertirse en normal que tú quieras progresar y las personas a tu alrededor quieran ser un ancla en vez de ser semilla. Si no son semilla, se afecta tu paz emocional y puedes dejar de ser la persona grandiosa que eres por el hecho de hundirte emocionalmente y no sabes cuánto tiempo puedes estar en ese lado oscuro emocionalmente. Sin poder alcanzar tus metas que tanto buscas por el hecho de que no quieres despegarte. Es demasiado costoso no tener paz emocional. Te frena por completo la vida constantemente.

Mi experiencia separándome de personas para mi salud emocional, fue uno de los más vulnerables de mi vida. Por el hecho de qué a mí me importan las personas, yo me preocupo por las personas y quiero que a las personas les vaya bien en la vida. Así que alejarme de personas para mi salud mental no es una decisión fácil. Lo hace más difícil cuando son seres queridos que estás acostumbrado a ver y sentir. Tomé la primera decisión de alejarme lo más posible de personas que estaban afectando mi salud emocional por el hecho de no aportar nada a mi progreso. Fue difícil al principio pero la recuperación fue tan rápida y los beneficios han sido tantos que ha sido de las mejores decisiones en mi vida. No hay vuelta atrás. No quiere decir que a estas personas yo les deseo el mal o les guardo rencor. Desear el mal y sentir rencor no es nada paz mental, no soy yo. Yo solo respeto la distancia porque es saludable para mi. Tener personas que afecten mi paz, mi norte se ve afectado y no puedo, eso sale muy caro. No cuidar tu salud mental te sale caro porque perjudica la productividad. Usualmente estas personas que tu quieres que se distancien, son las que siempre quieren atacar o que te quieren ver mal emocionalmente. De frente te ven bien y de espalda hablan hasta de cómo vas a morirte. Ven tu progreso y te envidian, simplemente no pueden soportar que tú siempre estés puesto para el progreso y la salud mental. Enreda demasiado el tratar de explicarle a una persona tu misión o tu manera de ver la vida y exigir que te apoye.

Sale uno mejor alejándose. El tiempo que se desperdicia explicándole que es lo que uno quiere, que uno piensa, que es lo que uno cree la vida y que ellos entiendan o te acepten o te valoren. Es tiempo y energía que no se recupera. El tiempo no se puede recuperar, es algo que hay que valorar cada día. Yo como prioridad tiendo a valorar mi vida todos los días y más cuando te importa tanto la vida. Cuando tú te alejes de estas personas tóxicas van a hacer todo lo posible por hacerte ver como "el malo" porque te fuiste o porque abandonaste. Van a decir que tu eres una persona que no le importa la humanidad y todo ese tipo de cosas. Yo no veo nada de malo que personas tengan que abandonar personas por cumplir metas si no aportan. Lucha por tus sueños no importa lo que tengas que sacrificar.

Estas personas que debes alejarte son las que tu haces mil cosas por ellos y no se acuerdan y te juzgan por solo una. No valoran las cosas que haces por ellos porque carecen de reconocerte y empatía. Cuando tú te vas lejos de ese ambiente tóxico y aceptas que no vas a virar para atrás es más saludable. Es mucho más saludable que cualquier cura de otra enfermedad. No cuidar tu salud mental por el hecho de estar atado a personas tóxicas se convierte en una enfermedad emocional. Como un círculo vicioso. Difícil de curar porque está en tu cabeza y cargas tu cabeza 24 horas. Esa enfermedad tiene cura. Tienes que coger tus cosas e irte no te vas a arrepentir. De las personas que te tienes que alejar son estas personas que no brindan nada a la mesa, te vas a dar cuenta cuando te alejes, por que no vas a extrañar nada. Porque no hay nada que extrañar. Lo único que vas a extrañar basado en mi experiencia es lo bueno que fuiste con esas personas en vano. No por el hecho de que alguien no brinde a la mesa, lo vas a cortar. Es que también se llevan lo que tu brindes a la mesa por que no valoran. Si estás tratando de construir tu paz interior y te quitan demasiado de paz, básicamente están restando a tu ecuación. Tu misión es multiplicar y fortalecerte, no permitas que te resten. Cuesta mucho trabajo progresar emocionalmente y en tus metas personales. Vuelvo lo digo no me arrepiento de haber dicho *hasta luego* después de años de ambientes cargados y ambiente que por poco pierdo la fé en mi. Esos son los tiempos que llegué a escuchar que no iba a lograr nada y que iba a terminar solo, eso fué como desearme la muerte. Los momentos más difíciles de mi vida no fueron por mi culpa, fueron por culpa de personas irresponsable que por falta de empatía, falta de conocimiento, no supieron brindar lo que puede brindar un ser humano de calidad. Era mi culpa si yo no tomaba la decisión de alejarme. Pero yo no quiero cargar la culpa, no la quise cargar más nada y ahora mismo no lo hago. Tampoco ando solo y he logrado más de lo que me podía imaginar que podía lograr desde donde vengo y la lista no termina. Más que todo, alcanzar la felicidad y la paz mental va por encima de cualquier cosa que pueda lograr. Eso es algo que nadie me puede quitar. Lo demás se puede recuperar pero si se pierde la paz es difícil de restaurar. Ahora tengo mi paz en el nivel más alto gracias a alejarme y ponerme en el lugar correcto donde las personas me valoran y me suman. Si tu quieres tener paz emocional, además de evaluar las personas que tienes alrededor, ¿qué es lo más que drena a la hora de buscar tu paz emocional? ¿Además de las personas incorrectas, que haces con tu vida y tu cuerpo ?¿Qué están consumiendo tus ojos?¿Qué están consumiendo tus oídos? ¿Qué están haciendo tus decisiones cada día? Escribe estas preguntas en tu libreta y contestalas. Porque si tú no estás observando y escuchando cosas constantemente para tener mejor salud emocional pues básicamente no deseas tenerla. No lo vas a lograr, eso es trampa.

A raíz de las situaciones que he tenido en mi vida que me afectaron emocionalmente un tiempo, encontré un refugio. Fue correr 2 a 5 millas al día. No importa si era Domingo o si eran las 11 PM, solo corría para encontrar mi refugio. Y digo corría porque ahora solo corro 2 millas. Cuando tuve problemas con mi corazón, tuve problemas con correr de nuevo, que era mi medicina. Ahí empezó mi verdadero reto emocional. Porque después que tuve problemas con el corazón ya no podía ser el mismo corriendo y entré en nuevos retos de conocerme otra vez. Y cuando digo conocerme otra vez hablo en términos emocionales porque mi otra metas externas fuera de mi cuerpo siempre la he sabido y siempre la he ejecutado. Pero la paz emocional es otro tipo de meta importante, un poco más vulnerable. Después del suceso del corazón me tomó seis años entender cómo se robó mi identidad el no encontrar correr como refugio. Antes del suceso del corazón llevaba corriendo 10 años. Empecé a buscar mi refugio en otras cosas, en otras áreas y en muchos lugares donde no lo encontraba hasta por fin encontrarlo y poder explicarlo hoy. Al no poder correr como antes, empecé a ser una persona de miedo a morir del corazón. Al tener miedo de morir del corazón, tenía miedo de correr y sentir mis latidos del corazón aumentando. Sin embargo estuve presente en mi vida, viviendo en mis propios términos y cumpliendo mis sueños todo bien, pero en términos emocionales estaba entrando en un lado oscuro. Por no tener la medicina que estaba buscando que era correr.

Busqué alternativas para poder estar activo y poder subir mi ritmo cardiaco para llevar una vida saludable y todas fueron fallidas. Porque a la primera que sentía mi corazón latir ya tenía que parar. Esto con el tiempo fué afectando mi salud física. Fue un nuevo reto entender el por qué se estaba afectando. No era que no estaba entrenando, no era que no estaba comiendo saludable, era que estaba teniendo mal hábito en algo. Algo que no me permitía poder ser la persona de antes de tener problemas con el corazón. Seis años después puedo decir que lo que había construido era miedo y del miedo construí obesidad y del miedo construí inseguridad y del miedo busqué la respuesta a volver estar saludable físicamente y emocionalmente. No podía creer que estaba logrando muchas cosas en mi vida, viviendo al máximo y que estaba deteriorando mi salud física por mi miedo y mi paz emocional. Empecé con ejercicios de aceptación y agradecimiento. Agradecer estar vivo y darme la oportunidad de conocerme nuevamente. Busqué ayuda a profesionales, que al principio me daban alternativas que yo ya estaba utilizando pero no me estaban funcionando para encontrar mi meta física nuevamente. Mi meta física era volver a mi peso saludable. Ya yo había mejorado estar fuera de la hipertensión y volví a padecer de la hipertensión por la obesidad. Si, tenía alta presión arterial desde los 20 años por el mal uso de alcohol. Con mucho esfuerzo dejar el alcohol y el ejercicio eso ya había mejorado. Luego volvió la hipertensión por la obesidad porque puedo pasar meses sin beber, sabía que no era el alcohol. Un momento oscuro en mi vida pero no falta de esperanza, no falta de que yo tenía que encontrar la solución a ese problema que estaba sucediendo en mi cuerpo. Muchas veces pensé que era la tiroides, me hice laboratorios y nada. Muchas veces pensé que era diabetes pero igual los laboratorios estaban bien. Sólo tenía miedo. Un miedo que construí y de verdad todo lo que estaba viviendo mis deseos de vivir eran al máximo al igual que ahora.

Decidí hacerme unos estudios al corazón una vez más, le explique mi miedo del corazón que no había hablado. No sé si era verdad o no pero básicamente me dijo algo que realmente disparó lejos el miedo. Me dijo: *"Tu corazón está bien, trata de hacer lo posible por volver a retomar tu vida. No te va a pasar nada por hacer ejercicio. Tratar de hacer ejercicios como lo hacía antes obviamente moderadamente. No tengas miedo a que te va a suceder algo porque con este estudio que acabamos de realizar tu corazón no está vulnerable."* Al parecer tanto tiempo de cuidar mi corazón sin subir el ritmo cardíaco, se fortaleció. Creeme que lo menos que quería era dañarlo con obesidad. Ese mismo día se rompió la cadena del miedo. Una vez rompiendo la cadena del miedo, volví a estabilizarme emocionalmente de creer en mí. Seis años en miedo y en un año volví a mi peso ideal mejor no me he podido sentir. Lograr esta paz emocionalmente es una felicidad que no se puede comprar.

Al nivel que yo subí de peso, nunca había alcanzado tanto peso en mi vida, veía imposible volver a ser yo. Pero nunca me rendí nunca me di por vencido buscando la respuesta. No tan sólo físicamente, también por mi paz emocional. Sabía que me estaba haciendo daño. No podia estar mas obeso en el futuro. Yo siempre he amado el ejercicio, ha sido mi medicina para estar estable emocionalmente por muchos años, por más de 15 años. Esto me tuvo que pasar para conocerme de nuevo y crear la calidad de vida emocional más fuerte, de lo que ya conocía |Simplemente estaba haciendo ejercicios a medias por el miedo, el miedo de sentir mi corazón latir. Tenía PTSD de el dolor que sufrí cuando tuve problemas del corazón. Por eso te digo el ejercicio de cuidar tu paz nunca debe parar porque si yo no hubiera hecho mi ejercicio diariamente, me hubiera quedado obeso y ni pensaria en eso. Aceptar que soy obeso he ignorar la situacion, no soy yo. Cuando tú trabajas tu paz emocional por qué te importa, tú estás pendiente y tú sabes lo que te afecta. Si a mí me estaba afectando que estaba aumentando de peso de una manera inexplicable pues básicamente tenía que buscar una solución y la encontré.

QUE TIENES DENTRO DE TU SISTEMA DIGESTIVO

En este tema siempre es bueno buscar ayuda profesional para determinar qué puede estar pasando con tu cuerpo específicamente. En mi caso la ayuda profesional no me ayudó a tomar las decisiones que tomé para mejorar mi salud física y mi obesidad. Solo me ayudaron a perder el miedo. Después de estar tanto tiempo ganando peso y ganando peso. A un nivel donde ya no aguantaba más. Necesitaba buscar una alternativa nueva. Dentro de esas alternativas llegué a ser vegano un tiempo. Dejé de ingerir carne combinado todos los días junto con mi ejercicio y seguí ganando peso. Llegué a pensar que tenía diabetes pero los doctores me dijeron que no tenía diabetes y que todo está bien. Pero no estaba bien, el espejo me decía que algo no estaba bien dentro de mí. Necesitaba cambiar y había cambiado mi dieta a la misma que tenía antes del problema del corazón. Esa dieta había sido super efectiva para aquel tipo de cuerpo que tenía. Con un nuevo peso, una nueva mentalidad acepté que mi cuerpo estaba contaminado. De algo más que el miedo que tenía a mi ritmo cardiaco. Así que busqué para poder darle a mi cuerpo una restauración de las toxinas que tenía. Me puse cada vez más serio que eso tenía que cambiar pronto. Por un momento me incliné en que tenía que hacerme la bariátrica o que me tenía que hacer una cirugía de alguna manera. Por qué no le veía freno, una vez me di cuenta que se estaba saliendo de proporción mi obesidad. Y después de hacer tanta búsqueda me di cuenta que la contaminación estaba en las compras del supermercado. Que supuestamente eran saludables y resulta que la mayoría de las etiquetas que cargan un "Branding Saludable" cargan demasiada azúcar escondida. Tú piensas que estás comiendo un consumo poco calórico pero sin embargo esas pocas calorías están bien altas en azúcar y la azúcar se convierte insulina en la insulina se convierte en grasa. Así que cada vez que entro al supermercado y veo todas las góndolas veo montañas de azúcar detrás de cada producto. El primer paso que di para cambiar mi alimentación y poder darle una restauración a mi cuerpo fué ir directo a la comida real. La comida real es toda aquella que no está congelada y empacada. Todo lo posible que no tuviera preservativo o algo que infectara más mi cuerpo. Disminuir las carnes por el hecho de contaminar menos mi cuerpo, las carnes están con un porcentaje alto en grasa más la contaminación desde la granja. Pero no fué suficiente para darle una restauración a mi cuerpo. Mi proteína de carne la cambié por pescado fresco. Como quiera no veía algo notable. Seguia mi investigacion de concer mi cuerpo obeso a que me respondiera. Decidí hacer cosas para ponerme más serio en esta restauración de mi salud física. Una fué conocer el ayuno más a fondo en beneficio o riesgo. Me limitaba hacer el ayuno antes porque para mi siempre fué que mientras más tiempo tú estás sin comer más lento se pone el metabolismo. Estaba equivocado. Darle un ayuno a tu cuerpo con tan solo agua le da la oportunidad a tu cuerpo de restaurar células y de botar toxinas de manera natural. Nada que ver con poner más lento el metabolismo. Si, vas a dañar el metabolismo si pasas horas inestables sin comer. Comencé a hacer los ayuno de manera organizada a la misma hora la mayoría del tiempo en orden de mantener un balance en mi cuerpo. Los beneficios del ayuno son mejores que hasta la medicina moderna. Cuando comes, tu cuerpo procesa la comida. Pero cuando estás en ayuno tu cuerpo busca energía de la grasa corporal si no hay comida. Acelera mejor tu metabolismo por la manera que se limpian tus intestinos. Comencé con 12 horas, luego con 15 y actualmente estoy en 18 horas de ayuno. Esto me ha permitido llegar a la autofagia. La autofagia es un mecanismo natural de regeneración que ocurre en nuestro cuerpo a nivel celular. Reduce la probabilidad de contraer ciertas enfermedades y prolonga la esperanza de vida. Una vez balanceando mi cuerpo con el ayuno fui perdiendo mis primeras 20 libras en varios meses. Lo mejor de todo es que estaba disfrutando el proceso, me comencé a sentir con más energía y más clara mi visión cada día. Pero como que volví a estancarme en la pérdida de peso. Gracias a unas amistades que tengo, que son unos ángeles, me orientaron de los beneficios de la enema. Era muy probable que aunque había cambiado mi alimentación mi cuerpo no estaba del todo limpio. Sabía de la enema de café por el hecho de que sabía que las personas con estreñimiento necesitaban un enema. También la enema tiene muchos beneficios mejor que la medicina. Puede prevenir alcoholismo, alergias, artritis, asma, dolor de espalda, mal aliento, hinchazón, lengua sucia, colitis, estreñimiento, daños causados por la nicotina, fatiga, gases, dolores de cabeza, colesterol alto, hipertensión, indigestión, insomnio, problemas articulares, insuficiencia hepática, cáncer, pérdida de concentración, trastornos mentales, infecciones, congestión nasal, problemas de la piel y colitis ulcerosa. Tomé acción y no fué un proceso fácil. Un proceso no fácil porque algo nuevo que por hoy vivo agradecido de qué pude darle ese beneficio a mi cuerpo de una enema de café y poder seguir bajando más libras haciendo un total de 70 libras para poder llegar a mi peso ideal el peso que siempre me ha gustado estar mi peso saludable. Lo escribo y no lo creo de 240 lb a 170 lb. Aunque uno no debe competir contra el peso porque el peso es solamente un número, es como te veas y más como te sientas. La gran combinación entre limpiar mi cuerpo y darle comida real. Comencé a quemar más calorías de las que consumía, lo que ayudó más aún a poder lograr la meta. Utilice la app "Fastic" para aprender del ayuno la versión pagada que me ayudó a aprender más. La app "MyFitnessPal" para saber cuántas calorías estaba consumiendo basado en lo que comía. Decidí comer 700 calorías en mi ventana de comer saliendo del ayuno y quemando 1500 calorías en el ejercicio. Así pude estar en déficit calórico para poder bajar mi grasa corporal y eventualmente mi peso. Confieso que hago mis desarreglos, Pizza, Hamburger y no afectaron mi meta. Yo llegué a pensar que la obesidad era mi destino porque tenía más de 30 años. Otro mito desmentido. Lo más que he aguantado sin comer comida chatarra han sido 35 días. 35 días es mucho pero es que cuando disfrutas lo que estás comiendo no te das cuenta. Hay que disfrutar la vida. Comer comida Real no es aburrido, inclusive es más fresco y más sabroso que un restaurante. Si sabes hacerte las cosas que te gustan con comida real no procesada. Eso si, paso más trabajo a la hora de hacerme comida por el hecho de que todo hay que prepararlo y todo hay que medirlo para poder tener la cantidad que mi cuerpo necesita para poder mantenerme en la zona que quiero. El trabajo ha valido la pena y el sacrificio. Cuando comes lo mismo la mayorías de los días te da ansiedad de comer algo diferente. La ansiedad de comer algo diferente es relativa simplemente es que no quieres cocinar. Ese es el secreto que yo hubiera querido saber desde que empecé a subir de peso. Pero todo llega en el momento correcto y a la hora correcta. El universo es precioso y aprendí demasiado amor propio cuando tenía obesidad.

Sobrellevar mis metas todos los días aún sabiendo que estaba trabajando con mi paz emocional y física al mismo tiempo fué un reto. Ahora que sé el secreto de cómo funciona mi cuerpo y con comida real no dejaré el ayuno ni la enema semanalmente porque el intestino desarrolla bacterias y toxinas como quiera. Por eso, por más saludable que comas tienes que hacer una limpieza constantemente para poder mantener tu cuerpo al 100% saludable. Una vez que estás súper saludable, tu cuerpo está limpio. Limpio mentalmente también porque lograste esa meta que estaba acabando con tu paz mental o tratando de luchar con ella. Así me siento yo. Me siento con más energía desde que me levanto, duermo mucho mejor. Por primera vez en mucho tiempo me siento completo mejor de lo que era. Como dije antes yo pensaba que no iba volver, yo pensaba que no iba a poder bajar de peso de la manera que yo quería porque estaba tratando lo que para mi en ese momento era de todo. Hice dietas extremas como comer solo ensalada junto beber un galón y medio de agua al día y nada. Inclusive cuando fui "vegan" ingiriendo productos veganos. Los productos veganos son altos en sodio que realmente a mí no me funcionaron. Los enemigos de la comida son el gluten, la grasa, el azúcar y el sodio. Si te alejas de estas cuatro cosas en la comida más haces ejercicios te vas acercar más a la meta. Comer comida real te ayuda a no tener que leer las etiquetas de los supermercados. Pero si hay que leer cada etiqueta de lo que se compra. Yo sé que consume el tiempo para comprar la comida porque tienes que ir todas las semanas al super para mantener la frescura. Y tienes que prepararlas desde cero. Es tedioso el cambio si tú comes muchas cosas procesadas que vienen en paquete a cambiar por cosas que tienes que preparar tú mismo. Pero es más tedioso vivir en obesidad. Vivir en pena y vivir de una manera no saludable. Que tu cuerpo no responda porque no estás saludable. Si te enfermas, es que en tu cuerpo hay algo que curar. Desde que hice este cambio no me da un catarro que me daba fuerte dos semanas de cama casi. Eso ya no existe. Hay personas que se aceptan así obesos y siguen comiendo la misma bacterias que comen todo el tiempo. No piensan en el daño que le hacen a su salud y a las personas a su alrededor si no bajan de peso. Están en riesgo de caer en el hospital o peor aún la muerte. Así que si quieres despertar el genio que hay en ti comienza por cuidar tu salud emocional y también tu salud física, vas a tener un mejor desempeño. Inclusive sentirte mejor porque así te sientes mejor tus decisiones son mejor aun. La falta de control de peso te va a llevar a la depresión. La depresión te va a llevar a tener días más bajos que altos por el hecho de que la depresión así funciona. La depresión es inestable. En orden de tu mejorar tu salud física, emocional combates al mismo tiempo la depresión. Tienes que tener mucha disciplina para hacer las cosas porque te convienen y no porque tengas ganas. Si estás en depresión la mayoría del tiempo no tienes ganas de hacer nada. No vas a querer cocinar, hacer ejercicios ni mucho menos velar lo que consumes. En orden de tu poder lograrlo es tomando acción. Tengas tristeza o no levantarte de la cama a cocinar. Tengas ganas o no ir al gym o entrenar en tu casa. Busca un deporte que siempre te ha gustado y practícalo. En este proceso de rebajar lo comencé jugando tenis sin saber. Me enamoré del tenis porque es un deporte que parece fácil pero no lo es. Es un deporte que requiere todo tu cuerpo sincronizado para poder disfrutarlo. Es más tú contra tu, que tu en contra de tu oponente. Era lo que necesitaba. Hay tiempos diferentes para cada persona, está quien ayuda a la genética y hay quienes no. A las personas que no les ayuda la genética como a mí pues tenemos que trabajar el doble por el hecho de que la genética está bien presente en la fisiología como va a ser tu cuerpo.

LA MISIÓN

Solo se feliz, deja a los demás ser felices en lo que creen. Si eres una persona que te gusta sentir poder sobre las cosas y sobre las personas, suelta el ego. El ego te hace sentir que te lo mereces todo. Con ego vas a creer que las soluciones van a venir a tu puerta. Pones presente "que algún día llegará" tu éxito cuando es el éxito el que te está esperando a ti. No fuerces las cosas, si no se dan al momento que quieres no dejes de luchar. Si tienes un mal día y tienes mucho coraje, toma un papel y escribe todas las bendiciones que tienes en tu día. Las bendiciones no las ves con coraje, pero comienza a dar gracias porque estás vivo, tienes una cama donde dormir. Tienes una mesa donde comer. Tienes la oportunidad de decir "te amo" porque tienes voz. Tienes la oportunidad de escuchar que te aman por que estas bendecido con escuchar. Puedes abrazar a alguien porque tienes los brazos completos. Puedes llegar a lugares porque tienes piernas. Y si sigo no termino. Hoy día hasta si estás discapacitado pero tienes vida, tienes una razón por la que seguir luchando. La vida es simple no la compliques. Permite que te amen y te ayuden cuando lo necesitas. Busca la mejor versión de ti todos los días. Vive el presente, olvida el pasado. Hay un futuro prometedor esperandote. Se tu, amate tu antes de amar otras personas. Tu vida cambiará por los pasos que das cada día.

QUIERO HABLARTE

Busca el Grupo de Facebook "Despierta el Genio en ti". Quiero conocer a cada persona que lee este libro hasta el final. Quiero que puedas compartir tu historia también y ser respetado.

Sigueme en Instagram: @reyanthony_

Puedes seguir algunos de mis proyectos en Instagram
@Wolftradespr
@Genuveskin

En memoria para:
Mirca L. Santana Rodriguez
Vuela alto mi reina, Descansa en Paz

www.ingramcontent.com/pod-product-compliance
Lightning Source LLC
Chambersburg PA
CBHW052358220526
45465CB00003BB/1156